中華民國中山學術文化基金會中山文庫

認識大眾傳播

彭家發等著

臺灣 學生書局 印行

再版說明

　　中山學術文化基金會為加強青年及一般國民之通識教育，特於民國八十五年主編「中山文庫」一套，內容以人文、社會、科技為主軸，邀請海內外專家學者撰寫，計共百冊，每冊十萬字為度，俾能提倡社會讀書風氣，形成書香社會。交由臺灣書店印行，現該書店業已結束經營，而文庫諸書亦多已售罄。基金會即商請再版印行。本書局在臺成立四十六年，主要以提倡學術文化，建立書香社會為職志，而文庫之內容簡明扼要，論述鞭辟入裏，必能裨益學林，遂欣然同意陸續規劃發行。爰以再版在即，敘述緣起如上。

臺灣書店書局　謹啟

中華民國九十三年九月

序

　　中山先生不僅是創立中華民國的　國父，而且也是廣受國際人士推崇的一位偉大的思想家。中山先生自謂其思想學說的主要淵源，乃係數千年來中華民族文化的一貫道統。而孔子的大同思想，尤為其終身所嚮往。故中山先生一生欲謀解決的，乃是中國和全世界人類的共同問題。他的思想學說之所以能夠受到各國有識之士的重視，自非無因。

　　蔡元培先生所撰之〈三民主義的中和性〉一文中，談及古今中外許多思想家和政治家所提出的解決人類問題的主張，大都趨向於兩個極端。例如中國法家的極端專制，道家的極端放任。又如西方人士主張自由競爭的，則要維持私有財產制度，主張階級鬥爭的，則要沒收資本家的一切所有，這些都是兩極端的意見。而具有「中和性」的三民主義，則是「執其兩端，用其中。」主張不走任何一端而選取兩端的長處，使之互相調和。所以蔡先生說：「能夠提出解決人類問題的根本辦法的，祇有我們孫先生，他的辦法就是三民主義。」因此蔡先生一生服膺三民主義，成為中山先生最忠實的信徒。

　　從中山先生傳記中，可知他青年時期所接受的是醫學的專業教育，故對自然科學具有良好的基礎。加以他博覽中國的經史典籍，

並精研西方的「經世之學」，所以他的思想學說，實涵蓋了人文、社會及自然科學的各種領域。因而他對達爾文的進化論，馬克斯的唯物史觀以及西方的資本主義，均能指出其錯誤和偏差。而中山先生一生主張「把中華民族從根救起來，對世界文化迎頭趕上去。」正如孔子一樣，他真正是一位「聖之時者」的偉大人物。

中山先生常言：「有道德始有國家，有道德始成世界」。環顧今日國內則社會風氣日趨敗壞，「四維不張」，人心陷溺；而國際間則爾虞我詐，戰亂不息。在整個世界人人缺乏安全感的環境中，我們更不能不欽佩中山先生數十年前的真知灼見。他這兩句特別重視道德的「醒世警語」，實在是人類所賴以共存共榮的金科玉律，更為一種顛撲不破的真理。今日由於交通及電訊的便捷，有人常稱現在全世界為一「地球村」；但如在此地球村生存的人沒有「命運共同體」的意念，則所謂地球村，僅係一空洞名詞。中山先生所遺墨寶中，最常見者為「博愛」與「天下為公」數字，我們倘能廣為宣揚他這種「為往聖繼絕學，為萬世開太平」的理念，則大家所居住的地球村，將可呈現一片祥和的景象，使人類獲得永久的和平與幸福。

中山先生一生特別強調「實踐」的重要，故創有「知難行易」的學說。所以我們今日研究中山先生的思想學說，似不宜專注意於其理論的層面，而應以中山先生思想學說的重要理念為基礎，進而參酌各種學術研究的最新成果，與世界潮流未來發展的趨勢，以及我國社會當前的實際需要，藉使中山先生思想學說的內涵，能不斷增補充實，與時俱進，成為「以建民國，以進大同」的主要指標。

中山學術文化基金董事會自民國五十四年成立以來，即以闡揚

中山先生思想及獎勵學術研究為主要工作。余承乏董事長一職後，
除繼續執行各項原定計畫外，更邀請海內外學術界人士撰寫專著，
輯為「中山叢書」及「中山文庫」。同時與報社合作，創刊「中山
學術論壇」。此外，復就中山先生思想體系中若干易滋疑義之問
題，分類條列，悉依中山先生本人之言論予以辨正。務期中山先生
思想在國內扎根，向國外弘揚，並進而對促成中國和平統一大業能
有所貢獻。

劉真

中華民國八十三年六月
於中山學術文化基金會

彭 序

　　就歐美情形而言，媒介、新聞和大眾傳播教育，紮根得很早，在高中課程的整套設計裡，傳播科目就是一個重點。反觀目前我們的成人媒介素養教育，似乎仍只侷限在一些傳播系所裡，真如「隔行如隔山」，深深感到我們推廣媒介素養教育的迫切——可以說，今天不做，明天就後悔。

　　中華民國中山學術文化基金會所規劃出版的中山文庫，中有社會一類，並邀本人撰寫《認識大眾傳播》一書，乃欣然受命，努力以赴，冀遂烏私之願，藉機推廣社會媒介素養教育。

　　唯大眾傳播發展至今，已複雜異常，欲作一全面介紹，似已非一人力之所及，故本人除撰述總論之〈認識傳播〉、〈認識大眾傳播〉及〈認識媒介〉三篇外，其餘分論各篇，則有幸得我系所同寅「拔筆相助」，分章介紹諸如報紙、雜誌等各類大眾傳播媒介。同行大都知道，「相助」同寅都是學有專精的學者，對理論和實務都有相當認識，寫作態度又嚴謹，能討到他們的鴻文，至為難得，容我說聲多謝，並互勉繼續努力推廣社會媒介教育。

　　茲將本書特色說明如下：

　　1.本書依文庫定性，將目標讀者定為高中程度之學生及一般社會大眾。是一本基礎性、知識性及介紹性質的書。為方便閱讀，減

少讀者學習壓力和負擔起見，全書以十萬字為度。

2.本書取材活潑、通俗，行文力求深入淺出，各作者架構一致，務求大眾對大眾傳播及傳播媒介有基本及進一步認識。本書顯然是一本好參考書，但希望讀者不要視之為一部課堂教科書。否則，就會侷限和誤導自己的視野。

3.本書依整套文庫策劃，省去注釋。內文措詞用語，率依原作者喜愛，以示尊重——因為，如果讀者細心讀畢本書各章，也許會發現，本書作者所寫的章目，都是最有資格的一群作者。不過，縱然如是，本書各章內容、架構和格調，仍力求統一與一貫性：大致由歷史角度衍展，介紹大致內容，再特重若干重點。

4.像這樣一本書(甚或任何一本講傳播和媒介的書)，要放些甚麼內容，恐怕必定有仁智之見。受篇幅字數的限制，除了每章以萬字為度外(其實每章都可以分別擴展成書)，經過本人與同寅及先進研商，決定將主要內容範圍，定在諸如報紙、雜誌和廣播電視等，與大部分人向來關係密切，而又較為傳統媒介上，以符合本書刊行目標。為了補救缺失，已在最後加上傳播新科技一章，將新科技作一個生活而又概括描述，相信已足彌補。至於書籍、家庭視聽媒介及碟帶等，因為考慮到一方面可能太專門化，不是本書所能善盡其事；另一方面，就目前情況來說，大家對這些媒介都習以為常，在日常接觸應用上都不陌生，故決定留待以後再想辦法用專書介紹。也是基於同樣理由，本書略為侷限一下範圍，介紹大眾傳播與民意發展，而非政治傳播（但內文其實已溶入了政治傳播一些重要範疇）。

5.為了行文方便，某些章節在引述時，基於實用性考量，小部

分內容容或略有稍許重複，尤其在傳播內容方面。不過，這似乎是無法避免的，相信對全書結構及內容不會構成影響；相反，這種論述形式過程，可能更有助於讀者了解和前後章節的融會貫通。

6.碰到必要名詞，本書也附上英文，以幫助讀者進一步閱讀能力。在譯名方面，則力求貼切。例如，按不同內文脈絡，將"media"譯為「媒體」（如報社）或「媒介」（如報紙）；將"signal"譯為「符號」或「訊號」；而"audiance"則譯為「受眾」、「受播者」及「閱聽人」。在使用不同詞項時，會在內文附上英文，並加以說明。

7.本書較特別的，是在第三篇〈認識媒介〉中，介紹了七〇年代流行一時的加拿大傳播怪傑、本身又是科技決定論者麥克魯漢的「理論」大要。那是作者認為，要了解媒介，麥氏觀點的確可以引起趣味性的震撼和省思。他是以文學形式，將媒介作「小說式分類」，可說只此一家別無分號，是他一己獨特的創見，吾人了解其說，也「絕學」難繼；不過，新科技、新媒介發展之後，傳播科系在講述傳播理論和科技哲理，或者社會學系在研討「媒介與社會」時，還是會探討他的看法的。

中山先生是近代中國人共同欽佩的偉人，本書作者有幸能為紀念他的文庫盡一分力量，大家內心都是既高興而又惶恐的。尚祈大雅先進不吝賜教為幸。

彭家發

書於政治大學傳播學院研究室

民 95 年 6 月 6 日

作者簡介

金溥聰

國立政治大學新聞系畢業，美國德州奧斯汀大學新聞系博士。曾任淡江大學大眾傳播系、文化大學新聞系兼任講師、副教授，及擔任公職、記者多年。

吳迎春

國立政治大學新聞系畢業，美國加州柏克萊大學碩士。曾任《天下雜誌》編輯、副總編輯著有《站在發現的邊緣》，譯有《大未來》等諸書。

吳翠珍

國立政治大學廣播電視學系副教授。國立臺灣師範大學社會教育系畢業，美國威斯康辛大學媒體工學碩士，哥倫比亞大學傳播教育博士。主授傳播原理、兒童與媒介、電視制作媒體素養等課程。

侯志欽

國立政治大學廣播電視學系講師。國立政治大學教育系畢業，美國愛荷華大學碩士。曾任雜誌編輯、電視節目企畫等職。研究興

趣以廣播電視節目策略及新傳播科技為主。主授廣播電視節目企
畫、電視節目制作、導播學、影視電腦繪圖等課程。

翁秀琪

國立政治大學新聞系教授。國立政治大學新聞系畢業，美國夏
威夷大學傳播碩士，德國 Mainz 大學大眾傳播學博士。著有《大
眾傳播理論與實證》，主編《大眾傳播法手冊》等書，有關大眾傳
播研究的專論散見於各學術性期刊。主授傳播原理、傳播研究方
法、民意原理、批判傳播理論等課程。

徐美苓

國立政治大學新聞系教授。美國密西根大學大眾傳播博士。曾
任美國奧克拉荷馬州滔沙大學傳播系助理教授。研究與教學領域包
括政治傳播、民意理論、健康傳播、傳播理論研究方法等。

陳百齡

國立政治大學新聞所副教授。國立臺灣大學法律系畢業，國立
政治大學新聞所碩士，美國印地安那大學博士。

彭家發

國立政治大學新聞系教授。國立政治大學新聞系畢業，美國南
伊利諾大學碩士。曾任職記者、主編及香港中文大學新聞與傳播學
院訪問教授等職。著有專書及專章三十餘本、論文廿餘篇。近年譯
著有《新聞文學點線面》（譯）、《非虛構寫作疏釋》、《新聞及

廣播寫作廣義》、《新聞論》、《基礎新聞學》、《新聞記者與消息來源》（譯）、《新聞客觀性原理》、《新聞學》、《宏觀新聞學》及《新聞學勾沉》等多本。主授新聞學、採訪寫作、特寫寫作研究、新聞編輯及現代文選等課程。

盧非易

美國南加州大學電影電視學院藝術創作碩士（MFA, School of Cinema-TV, University of Southern California），現為國立政治大學廣播電視學系副教授，主授電影原理、電視制作等課程。曾為報刊撰寫影視觀察評論專欄，如「第五頻道」、「超越邊界」等，並編導、制作電視劇集百餘齣。

蘇　蘅

國立政治大學新聞系教授。國立政治大學新聞所博士。曾任報社編輯、記者及民意調查中心副主任。著作有《競爭時代的報紙》、《傳播研究調查法》、《解構廣電媒體》（合著）、譯有《大眾傳播與日常生活》。研究與教學領域包括：新聞編輯、新聞與媒介特型、傳播理論、閱聽人分析及研究方法等。

（排名依筆畫序）

認識大眾傳播

目　次

再版說明

第一篇

認 識 傳 播

彭家發

一、傳播的意涵

　　就一般常人而言，通常會把「傳播」看成單純的「傳達意思」，而某些專業人士的解釋，則可能專門到諸如：「在生物的個體與個體之間，某一個體所表現的行為傳達於其他個體」，或者「在兩個以上的個人之間，某甲將自己的心理內容（如知識、判斷、感情及意願等），傳達給乙或其他的人；或者某甲所表露的符號（signal）（如言語、姿勢），令乙及其他的人，萌生起某種效果」。但是傳播意涵，還不止是這種線性、單向的「傳達」那樣簡單。起碼就人類傳播（human communication）而言，它就是個「互傳」的過程，就如兩人交談一樣，參與談話的兩人，彼此相互「移形換位」──發生「職位（角色）的交換」；也就是說，先發、主動的傳播者（communicator）（主），與被動、後發受播者（communicatee/communicant/reciver）（客），會隨傳播的內容，而在傳播（交談）過程中，頻頻「換檔」，主、客互易，主即客、客即主，而至主客不分。傳播內容就如一筆帳一樣（tranaction），大家記來、記去。

　　人類傳播活動又是如何發生的？則更是自有學者研究傳播之後，所一直感到興趣的問題。

　　有趣的是，早期美國精神分析學家梅爾盧（Joost A. M. Meerloo），受性行為觀點的影響（唯心論），曾認為人類在燕好當中，自然而然地要求更親切的精神上結合，便逐漸使用豐富的感覺層次語言，來互相傳達愛意，這是人類會話的源起，也就是人類

最基本的傳播方式（例如，童男：「親親！」，玉女：「抱抱！」）。

　　也有（唯物論的）學者認為，人類從事維生的生產活動，非個人力量足以達成，便發展出群策群力，分工合作的營生方式。因此，共同的作業、共同的目的，加強了人類的溝通能力，亦即「傳播」本能。不過，上述「兩說」，似乎太過流於「想當而然」，目前並沒有足夠證據支持這樣的說法。然而，若從人類生存發展史的觀點來看，假設人類基於社會生活上的特定目的（例如生產活動），而大家在意識上相互影響，互相發生作用，以致促成了傳播活動的發展，似為可信。以下是人類傳播發展的簡史：

西元前

5000　口頭傳播／史前洞穴壁畫

4000　撒馬利人在泥塊上紀事

3500　早期埃及象形文字

2500　埃及人發明草紙

1800　腓尼基人發明字母

80　　羅馬《紀事》面世

西元

105　　東漢和帝元興元年，蔡倫造網紙

618　　唐朝《邸報》面世

1045　宋仁宗慶曆年間，畢昇發明泥活字版

1455　德人谷騰堡（J. G. Gutenberg）用金屬活字印出四十二行聖經

1642 早期計算機（Blaise Pascal）製造成功

1799 義大利物理學家伏特（C. A. Volta）發明電池

1827 發明照相金屬底片／彩色平版印刷技術

1835 美人摩斯（S. F. B. Mose）發明電報

1868 美人碩爾（C. L. Sholes）發明打字機／艾爾（N. W. Ayer）
　　　父子於美國費城成立第一家廣告公司

1876 美人貝爾（A. G. Bell）發明電話

1877 美人愛迪生（T. A. Edison）發明留聲機

1879 愛迪生發明電燈

1888 德國物理學家赫茲（H. R. Hertz）發現電磁波（1Hz 為每秒
　　　振動一周）／賽璐洛片用於照相術上

1895 法人柯士甸等人（Auguste & L. Lumier）發明攝影機
　　　義人馬可尼（G. Marconi）發明無線電報／X 光發明

1920 美國匹茨堡之 KDKA 電臺定時播出

1922 首座無線電廣播臺設立／英國 BBC 成立

1927 美國「電話電報公司」（AT&T）展示電視

1933 美人岩士壯（E. H. Armastrong）發現調頻無線電波（FM）

1942 美國製成第一座有算術單元（0 與 1 之組合）之電腦

1946 美人赤士打（C. Chester）發明影印機

1950 最早的有線電視系統

1951 美國製成彩色電視

1952 最早的 IBM 電腦

1954 美國德州儀器開始販賣「積體電路（IC）晶片」

1957 蘇聯發射第一顆人造衛星史潑尼克號（Sputnik）

1958　美國製成身歷聲（立體）唱片

　　　　發射人造衛星探險家一號（Adventurer I）

1968　美國製成小型錄影帶（1972 年，家庭式錄放影機上市試

　　　　銷）

1970　英國推出電傳視訊（Prestel, Viewdata）

1972　美高等研究計畫署，發展出電子郵件（Email）

1975　光纖製成

1976　英國成立第一座「廣播視訊」（teletext）

1978　電視錄放影機上市

　　　　光纖系統（optical fiber）首次使用

1979　英國成立第一座「電視視訊」（Videotex）

1984　日本發射世界上第一枚直播衛星（DBS）櫻花二號（CS-

　　　　II）

　　　　攝錄影機上市

1988　日本推出整合服務數網路（ISDN）

　　　　英國著作權法案完成

1989　第一條橫越大西洋的光纖電纜

1990　英國衛星廣播（BSB）與天高有線電視（Sky Television）合

　　　　併組成英國天空衛星電視廣播集團（Bsky B）

1995　美國有線電視新聞網與時代華納公司購併

1998　美國著作權擴充法案

2000　美國線上公司與時代華納公司合併

2001　美國迪士尼公司與福斯（FOX）公司合併

　　從上述近七千多年約五十六件傳播大事中分析，可知人類與傳播是密不可分的，有人類生活，便有傳播空間，便有傳播工具的發明、改進，增進人類福祉。從上述敘述中，又可窺見：(1)人類傳播源起於口語交談，再發展至應用媒介來「表情達意」；(2)以媒介為傳輸工具的傳播中，先是出現文字、紙張的手寫媒介，再發展至印刷媒介和電子媒介；(3)電子媒介是以有線電居先（如電話），繼起的是無線電（如廣播、電視），再及於網路、固網。另外，由於電腦網路的日益發展，電子媒介與印刷媒介相結合（如電腦印表機、傳真機），成為威力強大的「電子印刷整合媒介」，此為人類傳播之發展過程。可以用一個簡單圖表模式表示如下：

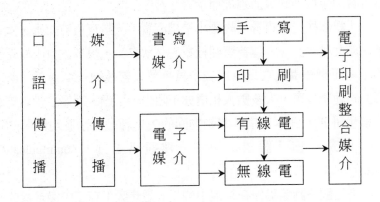

　　明白了上述傳播的基礎源流及其衍展之後，便可以來談它的多層次意涵了。

㈠ 動物的傳播

顧名即可思義，「傳播」源起於「傳」——亦即遞送的行為，再而散播。傳播的行為是生物的一種本能，也是宇宙中的一個自然法則。

就以生物中的動物傳播來說吧。看過武俠小說的人，大概都會對所謂的「蟻語功」之類的「傳音入物」神威，欽服不已。雖然武俠小說的描寫，通常旨在吸引讀者，容有誇大失實之處，但實際上，螞蟻的確靠牠們的觸角來打訊號，把消息（如那兒有「食物」）迅速傳送出去。在村落的月黑風高之夜，很多人也會聽到野狗汪汪地吠，或嗚嗚地在「哭」，令人感到毛骨悚然，不知道他們是否看到了可怖的吸血殭屍而示警。

「銀燭秋光冷畫屏，輕羅小扇撲流螢。天階夜色涼如水，臥看牽牛織女星。」——這首唐朝杜牧的〈秋夕〉，很多人自小就背誦過了，而東晉車胤在夏夜用袋子蒐集螢火苦讀的「車螢孫（康）雪」的勤學故事，大多數人相信亦不陌生。不過，經過二十六年的觀察和研究，日本東京多摩動物園的矢島課長，卻發現閃閃的螢光，原是一種「語言」——一種通訊工具（communication parts）。

矢島觀察到雌蟲停在草叢中閃光，是想吸引在空中漫飛著的雄蟲注意，而當眾雄蟲注意到閃光的雌蟲時，就會立刻停在草葉上，然後逐漸逼近距離雌蟲的十五公分處，「嚓、嚓、嚓」地連續打出短促、但強而有力的閃光，以示「愛慕」。如果雌蟲碰到「來電」的對象，牠就會朝著「鍾意」的雄蟲，做一次閃光的回應。雀屏中

選的雄蟲見到回「光」，就會慢慢挪上前去，進行交尾。如果雌蟲
尋不著對象，則不管眾雄蟲如何不停地打閃訊號，牠都不會作出回
應的打閃；最後，雄蟲們就只好知情識趣地飛回空中去，尋找牠們
的「另一春」。

　　螢火蟲用「閃光語言」來相互示愛，就是動物的傳播，不同族
群的動物，即使同一種屬，也會有不同的傳播形式。研究臺灣地區
蛙種的自然科學博物館研究員周文豪，曾經以三年多的時間去追蹤
研究，赫然發現，在全臺所蒐集到的、由南到北的十六個日本樹蛙
族群中，其所用以通訊和求偶的蛙鳴聲，竟然是「南腔北調」，彼
此各用自己族群所使用的特殊「方言」來交談，而且區域性差異非
常之明顯，聽慣了蛙鳴的研究人員，一下子就可以分辨出是北蛙還
是南蛙。

(二) 人的傳播

　　人的傳播，源起於自我「思想起」的「自我（身）傳播」，又
有人稱之為「內向傳播」（intrapersonal communication）。這是一
項由「抽象的虛我」（I），經過內心「自問自答」、「自己同自
己講」（思考）過程，而把訊息傳給「肉體的實（自）我」
（Me）的一種傳播行為。學者米德（G. H. Mead）曾經說過：
「思考的過程就是內心談話（inner conversation）」（所以，現代
精神醫生，已經不將自言自語視為神經病）。套用心理學大師弗洛
伊德（S. Freud）的說法，等於是「本我」（id）經由大腦，把意
欲傳給「自我」（ego），以尋求回應的行為。例如，嬰孩肚子餓
了，他的胃就透過神經「告訴」大腦，大腦收到這個餓的訊息後，

就讓他嚎嚎大哭，提醒看護他的人——吃奶時間到了〔到小孩會叫「餓」的時候，就正式步入「溝通期」（Communication Stage）〕。又例如，明天就要考高一地理了，玩瘋了頭的輝仔午夜夢迴，才想起根本沒有複習過（這是一個刺激，S），一念及此，剎那間睡意全消，輾轉反側地盤算著如何應付明天的難關（這是反應，R）。上述這兩個例子，都是源自「反應性思考」（reflective thinking）的自我傳播。冥想、參禪、悟證，都是人類在這種自我傳播中，透過思考而得出意義。早期研究行為科學的心理學家巴夫洛夫（I. P. Pavlov）等人，稱之為「刺激反應律」（Stimulus-Response，簡寫為 S-R），是廣為人知的一個公式。研究傳播的學者，更把這種由刺激開始，而導致一定反應的傳播過程，乾脆稱之為「傳播的刺激反應模式」，列為傳播的基礎模式之一，並稍加擴充和解釋，更為周延地，使之能合乎由「外在刺激，而引起傳播行為」的說法：

（推斷）

（S）刺激→感知→認知→反應（R）

（感情）

(三) 傳播的學院式定義

了解了動物的傳播和人類內向（自我）傳播後，我們就不能不為「傳播」尋求一個定義了。

目前我們口口聲聲所說的「傳播」，是繙譯自英文"communication"一詞，它的字源，卻是拉丁文的"communis"而

來，本意為「共同」，也就是說當我們「傳播」時，是希望在傳的「授⇄受」互動之間，彼此建立一個共同性（commoness）（否則便雞同鴨講了）。在我國雖然傳播一詞，早見於古籍《北史·突厥傳》（中有「宜下傳播天下，咸使知聞」一句），而明、清兩朝之「上諭」及公文書，也屢見此詞，但首次自英文繙譯此詞的我國傳播學者徐佳士教授，恐怕並未以此為據論。從上述原義可以得知，"communication"實際意涵是有如雙線道的「雙向傳播」（有來有往），而「傳播」一詞，卻強烈令人感到有如單行道的「單向度傳播」意味（來而不往，或往而不來），因此對此譯詞有意見的新聞傳播學者，所在多有。

有人主張譯為「傳通」，以合乎此詞的本義，既可作為「傳的意義」的一個觀念名詞，也可以作為「傳的行為」的動詞（to communicate）（但「傳」，不一定「通」）。也有人認為該譯作「通訊」、「交通」，甚至「傳訊」，但都如傳播一詞一樣，各有優點，也各有不足。

研究傳播的學者認為，「傳播」起碼有三種意義：1.廣義的說，是把一個資訊（消息）（例如，臺灣個人綜合所得稅於五月卅一日截止申報）、意見（例如，高一甲班的郭富誠真的帥呆啦）、經驗（例如，喝得半醉之時打成龍表演之醉拳最神似）及態度（例如，我會支持小 S 競選臺北市長）等，從一個人傳給另一個人（或多人），以期大家有著共知、共見或共感的「共同性」。如果將意義引申，也可意指著從一個地方，傳到另一個地方（或多個地方）。2.傳播的延伸意義，可與舟車功能疊合──擴大經驗交流，使較大、較多的人群，建立起共同性，故可以泛指「交通」

（transport）。3.傳播上講的交通工具，意指「心靈（或精神）上的交通工具」，也就是通稱的「傳媒」或「媒介」（media），是人所以藉以傳遞訊息與取得訊息的工具。這樣說來，傳播的意涵又跳彈到諸如廣播、電視、電影、報紙及雜誌等傳播媒介上頭，講傳播便離不開傳播媒介了。

　　基於上述多重性的意涵，歷來學者對於傳播所下的定義，也是洋洋灑灑的，舉其犖犖大者即可得知：

△傳播是權力得以施行的機制（Schacter, 1951）。

△傳播是思想或觀念的語文交換（Hoben, 1954）。

△某一事物的觀念，從一地或一人轉達到另一地一人。……傳播一詞亦含參與的意義（Ayer, 1954）。

△傳播是我所以能了解他人，乃至被他人了解的過程。它是動態的，為了回應整個局勢，而不斷改變和轉換（Anderson, 1959）。

△傳播是把原本為一人或若干人所獨知的東西，變為兩人或數人所共知（Gode, 1959）。

△互動，即使在生物層面，亦為一種傳播；否則，共同行動就不能發生（Mead, 1963）。

△資訊、觀念、情緒、技術等的傳遞，使用的是符號——語文、圖像、數字、圖表等。它是通常被稱為傳播的傳遞動作或過程（Berelson & Steiner, 1964）。

△每一傳播行動可視為一次訊息的傳播，其中包括一個明白的刺激，從一個來源發向一個收受者（Newcomb, 1966）。

△……其中有一個來源傳送一個訊息給一個或多個收受者，前者具有影響後者行為的自覺意圖（Miller, 1966）。

這早期十五年間的傳播研究者為傳播所下的定義，對傳播的闡釋，綜合起來真可謂面面俱到了。以後再為傳播下定義的人，似乎也難出其左右了。例如，美國媒介文化學者賀爾（Stuart Hall），在 1974 年寫過一篇〈媒介威力〉（Media Power）的文章（Journal of Communication, Vol. 24），著眼點正是媒介在傳播上的權力層次。十年後，另一位美國學者奧斯古（H. J. Altschull），在 1984 年寫成《權勢的代理人》一書（Agents of Power），從政治、社會學的角度來看媒介，再度指出媒介為有勢力者（人或集團）所把持，不啻就是「權勢的代理人」。這種看媒介的觀點，就合符了上述所列對傳播的第一項解釋——權力、機制。經過上述一連串反覆論證，我們對「傳播」就更加了解了：生活上所謂「傳播」指的是個人與他人，亦即主體與主體之間，彼此發生意圖、互動、參與、傳達、語文交換、了解及共知等社會性功能，從而建立起可以彼此互通和依賴生存的傳播系統，令個體能適時獲得足夠資訊，適應環境而生存下去。

研究「定義」的語意學者都會同意，所謂定義會隨時空而變遷，其內涵也是無時不在相對應地增減的。例如，我國戰國時用銅尺（約合現在 23.1 厘米），至北宋時稱之為木尺（約合現在 31.7 厘米），故《孟子》書中所稱之「五尺童子」，北宋就只能稱之為「三尺之童」，以符合當時情況。又例如，《水滸傳》裡所給我們的「江湖義氣」印象，恐怕與今日黑道已大相逕庭。故而，我們既

然知道了「傳播」就是那麼回事之後，就當它那麼回事，如果不是用在學術上的探究，使用上一個約定俗成的名詞，反而更為方便。所以，目前我們除了在組織傳播的學科上，有以「溝通」一詞來替代「傳播」外（其實正如前面提到，「溝」也不一定能「通」），就習慣地約定俗成，使用「傳播」一詞了。

(四) 物的傳播與人與物的傳播

電視中繼站，就如烽火臺一樣，一站接一站地把收到的訊號傳遞出去，無遠弗屆，使得即「偏遠地區」觀眾，也一樣可以清楚地看到電視臺播出的節目，這是物與物的「物的傳播」，也就是機器與機器的溝通。電話、電報、電視、電腦、無線電及網路等等，都是典型物的傳播。物與人的傳播關係是存在著的。例如，煙霧偵測器偵測到超過常態值的濃煙後，便馬上發出警報，告訴大家發生火警了——請趕快滅火、報警處理或逃命。不過，主宰機器的仍然是人，所以，推動動物的傳播的，仍然離不了人，故在傳播領域上，我們通常在意於研究人與物的傳播，而且主要在於研究機器的操縱。例如，把錄放影機的錄影時間設好，時間一到，它就自動地把所要看的節目錄下來供人觀賞。又例如，人們將電話的通訊和運作功能不停地在改進：由撥號電話而按鈕電話，由固定母機而行動電話，甚至加上傳真及各種有線電訊功能等等，都是人與物的傳播範例。在日常生活中，傳播幾乎是人、物不分的——例如，晚上睡覺前，就先得把鬧鐘撥好，否則，明天就準爬不起床。至於彼此利用電腦，在網路上（internet）與各路網路英雄「敲鍵談心」，更是典型的以電腦為中介的中介傳播（interposed/mediumistic communication）。

㈤ 人與自然的傳播

人與動物的傳播是很平常的。例如，人把貴賓狗當成寵物飼養，極盡疼牠的能事，而貴賓狗則儘量「搖尾乞憐」，討主人歡喜。又例如，杜賓狗受主人之命看守家門，牠就忠心耿耿地效命，小偷來了會咬他一大口；其他如牧羊犬、導盲犬等等，通常都會見到人與動物傳播的事例。而根據古籍所載，孔子所稱道的公冶長，和三國時居魏的神卜管輅，都能了解鳥語，同鳥類作「心靈溝通」。遠古神話容有誇張之處，但的確有人在研究人與動物互動的「跨族類傳播」（inter-species communication）。至於人與自然、未知世間之間，是否也存在著傳播的關係和行動？答案當然是肯定的。

宇宙自然之間，充滿各種自然標誌（sign），如崇山峻嶺，川流不息；日月星辰，週而復始；春煦夏炎，秋寒冬冷，四時有序。我們的始祖對於產自自然的不尋常信號（signal），很早便視為宇宙與人類之間的一種傳播方式。例如，火山爆發、洪水氾濫、森林大火、豪雨成災、行雷閃電以及風災旱象等種種「時候失常」，都認為是上天對人類的一種「啟示」。基於生存壓力和經驗，人類一方面希望「望天打卦」，俾知上蒼旨意，另一方面也會藉由禱告或某些儀式（如祭拜天地），以回應上天「傳話」，作為一種適當的「通靈」回應。

時至今日，禱告上蒼、解夢、占卦算命、求神問卜、看風水、問笈、通靈、開扶乩以及占天象等等，都可以說是人同自然界傳

播，或者說人類透過一種宗教性儀式，同未知世界彼此「互動」。
另外，學者賀爾（Edward T. Hall），曾提出過涉及研究人類活動
空間的「領域傳播」（proxemics），這部分倒頗類中國人講的風
水觀念。

㈥ 人與人互動的人際傳播

人同自然界傳播，可能「信而有徵」，且愈來愈「海闊天
空」。例如，科學家探測地震成因為其「給」人類的預警；又例
如，指揮無人太空船探究神秘的太空等等，已有非凡成就；而人造
衛星則早已擔任物與自然傳播的主角了。

不過，在人類社會中，傳播領域所講的基本類型，是兩個個人
之間彼此直接互動的「人際傳播」（interpersonal
communication）。例如，兩人會話、對談就是了〔學術上稱之為
「兩造傳播」（dyadic communication）〕。因為這種形式的傳
播，就其傳播者與受播者的數量關係而言，可以將一人對多人的傳
播包括在內（例如，個人邀約數個朋友聚會，或董事長召開董事會
議等），故又有學者乾脆稱之為「親身傳播」（personal
communication）。在傳播效果上來講，人的親身影響力最大，所
以「面對面傳播」（face-to-face communication）是效果最好的一
種。

若個人傳播牽涉到三個以上的個人，彼此直接產生互動關係，
例如，在教室內，教師（一人）教授學生（多人）課業；或者在政
見發表會上，一大群聽眾（多人），聆聽候選人（一人）意見，則
又可依其參與性質人數不多，而稱之為「小團體傳播」（small

group communication），或就其傳播特質，概括地稱之為「團體傳播」（group communication）。

　　個人傳播是一種使用人為符號（symbol）的高等傳播行為（例如，可以使用暗語、密碼），故為人類獨有的「符號傳播」（symbolic communication）的肇始。個人傳播的主要「元素」和過程，可以列述如下：

　　1.**來源（source）**：傳播者，即個人，本身先進行自我傳播，把想要傳出去的抽象「意思」，依個人能力、經驗和主觀等因素，變成別人可以感知到的具體「意義」。〔學術上借用打電報的說法，把這些「意思」、「意義」，都稱之為「符碼」（code），而其形成的過程，則稱之「製造符碼」（encoding），簡稱「製碼」。俗語說解鈴還須繫鈴人，因為傳播者本身就要擔任解釋符碼的工作，所以，傳播者本身即是一個賦予符碼意義的解釋者。〕

　　2.**訊息（message）**：此即個人表情達意的內涵，是要讓受播者明瞭所設計、應用的手段，也是藉以溝通的媒介，更是令傳播者與受播者產生互動的通道（channel）。例如，講給人聽的口頭語（spoken language）（如：「小姐妳真漂亮！」）；寫給人看的書寫語（written language）（如：「*》久亥文囵齐囵*」——中國女書：心憂我娘樂不樂）；畫給人看的視覺符號（iconic sign）（如麥當勞那座黃金拱橋「**M**」，香港《星島日報》〈經濟版〉用過之中英並用刊頭「**經濟**」）；做給人看之姿勢、表情，如「指示」「☞」，快樂「☺」，勝利「✌」（V），學術上稱之為「肢體語言」（body language）、「姿勢傳播」（gestural communication），或者「語言前的傳播」（preverbal communication），「非語文傳播」（non-verbal communication），以別於口語與文字的「語文傳播」（verbal communication）。根據科學家研究，人類縱然不會說話（speech），但照樣會用語文（language）。例如，失聰父母所生的失聰嬰兒，就會以手（語）學（口）語。目前肢體語言、動作，已發展出一套「體語學」（kinesics），甚至連在講話或動作上，隨環境情況不同而別有意思、弦外之音、言在意外的「隱喻傳播」（metacommunication）也包括在內。〔傳播通常是追求明顯的功能（manifest functions），而隱喻傳播則追求隱藏的功能（latent functions）。例如，對小胖說：「昨天你的臉好乾淨啊！」──那今天呢？〕所以，訊息通常不是單一的，而是多重性的組合（例如，在上例中，一面說，一面用手摸摸小胖的臉）。

　　3.**受播者**：這是傳播者給出訊息的目的地（destination），也是傳的行動的終端。他本身也如傳播者一樣，會進行自我傳播，把收到自傳播者而來的訊息，憑本身條件（例如，學養、經驗、個性、健康、情緒及文化）加上當場的政治、情境現況（contextual），而加以理解，尋求它的意義〔學術上稱之為「解碼」（decoding）〕，推想對方意欲何為，並且作出回應。他作出回應的過程，同傳播者是一式一樣的，只不過是誰先引發這次傳播而已（就像兩人對峙著將要開打或對罵，彼此木然相對，等待對方行動──主動先出手或開口的就是傳播者，被動還手或回嘴的，是受播者）。所以，受播者本身更是藉訊號作出回應，令傳播者可以不停地檢查（check）和修正調整訊號，彼此愈加明白對方的意思。〔學術上則借用機械學上名詞，稱之為「回饋」

（feedback）。目前，有傳播學者在研究傳播者「前饋」（feed forward）的效力。例如，在正式展開傳播之前，首先講話的人先輕敲一下桌面說：「請聽我說，」以引起注意，然後再及正式的核心內容，可能使傳播更具效果。〕綜合以上所述，以及如宣偉伯（W. Schramm）等知名傳播學者的看法，一項人際的傳播過程，可以用簡圖表示如下：

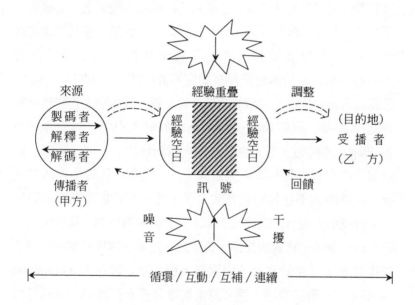

二、應怎樣「耕」傳播的「田」

人類無時不刻不在傳播，可惜人類本身卻往往就是傳播的最大障礙（就如同諺語說，「人類最大的敵人就是自己」）。讓我們看

看在傳播過程中，「人」是多麼難「纏」的：

△就語意學（semantics）的觀點來看，除了人格特徵、個性，用語
　會含混、歧義多多之外，人在思考上又會：1.有先入為主
　（predisposition）的情形，凡事一經認定（judge），就會憑直覺
　而主觀得可以，甚至淪於偏見。2.人又皆有一個據以參考的「參
　考框架」（frame of reference），凡事皆以這一「工具箱」（框
　架）內的「工具」（標準）去衡量〔在認知心理學上，則稱這些
　「工具」為「基模」（schema）──以特指對某一專門知識的累
　積，而形成的框架〕。3.人又經常會打從內心發出投射
　（projection），習慣地把沒有固定意義的語句，看成將會固定
　意義的語句，把自己加諸於語句上的意義，看見別人也認為會有
　著同樣意義，語意學上就稱之為「放射性思考」（projective
　thinking）。例如，有人說「麻辣火鍋夠辣的」，則「夠辣」這
　兩個字的意義，就難有固定意義了──因為「夠辣」到甚麼程
　度，吃辣的與不吃辣的就言人人殊，又如何能把自己舌頭的感
　受，看成別人也有相同感受？4.人又會對事事物物，頑固地死抱
　著只有一個固定意義的想法，就從此一定義去尋找答案，而完全
　無視於其他可能的意義，語意學上稱之為定義思考（definition
　thinking）。例如章回小說寫蘇東坡瞧見王安石詩句：「明月松
　間照，黃犬臥花心」便大為訕笑，以致惹怒了王安石。在蘇學士
　心目中，「黃犬」是狗──狗就是狗，又如何能「臥花心」呢？
　殊不知王安石所說的黃犬，卻是一種小蟲的名字。5.定義思考、
　放射性思考會令人好作推論（reference），凡事一概而論
　（generalize），或以偏概全。例如，中國古代《麻衣相書》

說：「人無三心高，口裡一把刀」，小胖那麼矮，「一定是很陰險的了」。推論至了極點，就會極端化（polarization），產生非黑即白的「兩值邏輯」思考（two valued logic）（例如：不是朋友便是敵人，不是你死便是我亡），而這種情況，一旦定型成了「刻板印象」（stereotype）之後，就根深柢固了。

△從社會傳播（social communication）角度來說，社會中人與人之間，總會有諸如識讀水準（literacy）、媒介識讀力（media literacy），資訊識讀力（information literacy）之類級距（range）（例如有人見多識廣，有人孤陋寡聞）；總有社會距離（social distance）（例如，城鄉差距）。所以 1.人與人之間便有著智溝（intellectual gap）、知（識）溝（knowledge gap）及資（訊）溝（information gap）（是說有些人得到較多資訊，有些人的資訊觸角較少）。2.社會上充斥著團體語言（group language）（例如，我們說「找女朋友聊天」，青年人會叫「泡妞」，小混混則叫「吊獸子」、「找馬子」）。3.社會上又多凡事都有意見的人〔學術上稱之為「意見領袖」（opinion leader）〕，他們一方面提供意見，另一方面就自然而然地成了意見「把關人」（gatekeeper）「過濾」某些意見，甚至「杜塞」某些意見，在傳播過程上，便出現所謂「兩級傳播」（two-step flow/two-stage communication），甚至「多級傳播」（multi-step flow），以至充斥著「二手真實」（second hand reality）言人人殊。資訊混淆，訊息可信度（creditability）便可能大打折扣，意見追隨者（opinion follower）叫苦連天，這就是本世紀中期美國民意學者李普曼（W. Lippmann）所稱的人性（human nature）與情境（condition）所混合的「假環境」（pseudo-environment）。

△從傳播理論來說，個人會視資訊為生活上所必需之能源（例如，想增加政治常識，就要多看政治新聞），經過吸收消化後，成為自己「養分」。此固然是無人能夠避免的「傳播代謝作用」（communication metabolism）。然而，就個人對於諸如資訊、觀念和感情之類的「傳播藝術」（communication arts）而言，卻是各自有其個人愛惡，挑精揀肥的口味〔學術上稱為「傳播品味」（communication appetite）〕。所以，對於傳播的內容（訊號），就會在現實中作出選擇——選擇性的接觸〔學術上從英譯稱之為「選擇性暴露」（selective exposure）〕、選擇性理解（selective perception）、選擇性詮釋（賦予意義）和選擇性記憶（selective retention），加上諸如上述所說的年齡、性別、政治取向及宗教等個人使用與滿足（use and gratifications）的差別，便可能出現溝通不良的「傳播溝」（communication），嚴重的便會做成「傳播恐懼」（Communication Apprehension, CA; fear of communication）。

△從行為科學上來說，有一個公式：B＝f (P, E)。此處"B"為行為（Behavior），"f"為函數（function），"P"為人格（Personality），"E"為環境（Environment）。此公式即是說人之行為是隨人之性格與環境而改變，也就是傳播研究始祖李溫（Kurt Lewin）所說之「場所理論」（field theory）。所以，人是很難捉摸的。

三、傳播怎樣才能有效

傳播要能收效，決定性的因素很多，傳播者、所設計的信息、受播者及傳播的場合環境都要計算在內，變數相當之大。不過，要想傳播生效，總不外乎要能符合下述條件：

△ 訊息的設計，要得來容易〔學術上稱之為「易得性」（availability）〕，要不費吹灰之力就可得到。〔所以，除非經過匠心獨運，否則，緊緊的握著她的手，輕聲地說句：「我愛你！」會比靠朋友的朋友的朋友轉話給她說，「他說他愛你」，更容易打動她的芳心〕（此之所以為甚麼有些人總好方便、喜歡吃成藥而懶得去看醫生，易得性高之故）。

△ 一位解釋者──解釋別人的訊息，也解釋自己所「構造」的訊息。一如前述，傳播者與受播者「傳」的行為，是彼此循環不息地週而復始的，在角色互易，主客合一的情況下，我們也許可以這樣說：傳播者與受播者的身分，是二合一的；也就是傳者即受者，受者即傳者。所以，在個人傳播行為中的傳者和受者，有著如下錯綜的關係：

再試看下面這則例子：

$$\frac{小胖}{來源}:$$

「明年是俗說不利婚嫁的孤鸞年，再不結婚就要延遲了……」。
　　　　　　　訊息（說時緊握著雙手）

$$\frac{圓圓:「急甚麼嘛!」}{目的地}$$

上文曾經提及，傳不一定會通的。要想傳而得通的話，有若干個要素要確實地把握：

1.傳播者所「釋放」出來的訊息，一定要同受播者有著相同的經驗範圍，有如「對號入座」，經驗範圍愈是重疊，對訊息愈是明瞭，傳播就愈易於產生效果。因為當受播者「吸到」傳播者的訊息時（看到、聽到或感覺到），如果對這個符碼不陌生，便會立刻產生「介入性反應」（mediatory responses），引發本身理解系統（perception）對訊息進行處理。如果經驗範圍重疊得很少，甚至於一點都不著邊際，彼此就難互動、明瞭和溝通。試看下面例子：

△中學化學老師：「$2H + 2O_2 = 2H_2O$，就是水」。

　小學生：「媽媽咪！我那曉得。」

△一生住在北京的爺爺，來信告訴自小在臺北長大的小胖說：「北京同順德的烤鴨最好吃。」小胖回信說：「臺北李嘉興的烤鴨才最好吃。」

△小胖、大明、圓圓曾在暑假到過香港旅遊。今天三人不約而同地一起去吃臺北漢堡，當他們看見價錢時，不禁你眼望我眼，異口同聲的說：「比香港貴！」

　　2.不過，無論訊息的範圍如何個重疊，受播者對訊息的理解，可能還是「殘缺不全」而影響到認知的。因為，第一，這個訊息傳達到他時，可能受到外在的各種干擾（例如場地太吵鬧以致聽不清楚），而使得訊號「失真」，產生理解上的困難〔學術上稱之為一般人都慣聽的「噪音」（noise），是要設法子消除，以求傳播暢達的〕。其次，則是「語文的豐沛性」（language redundancy）而妨礙了對訊息的理解。語文的豐沛性大，則就算我們對訊息有不清楚的地方，也可藉其上文下理的語意環境，而「猜」得出它的意思。例如「說某人家財億萬，還去販毒，遺害社會，真是為富□□」我們就很容易「猜出」後面兩字是「不仁」。另外，語文豐沛性大，累贅性就小，語文的選擇和安排的自由，就相對地大起來，比較容易一次就把話講清楚，把事說個明白，而製成切合需要的適當符碼〔而不必一再重複地用「後設語言」（paralanguage），來一再重複地解釋：「……這是說……也就是說……亦即……等」〕。語文豐富性小、累贅性大的語言，則必須一再重複和解釋了，而重複多了或速度太慢，讓人聽得煩厭，速度太快則可能又令人聽不清楚。例如，在家族稱謂中，英語沒有外祖父、外祖母稱謂，一律稱為"grandfather"，"grandmother"，所以就必得再解釋為「我母之父（或母）」（my mother's father/mother）。而在宣傳技巧上，重複和誇大，則永遠是兩張「王牌」。語音又是另一個問題，試看一下這幾個有趣例子：

△浙江人對老廣（東）司機說：「到『良士大廈』。」
　老廣司機：「吓！『兩隻大鴨』？」

△老廣電詢：「阿王在嗎？」阿王的北方妻子（學用廣東話回答）：「渠（他）『洗澡』。」

老廣大驚：「吓『死咗（了）』？」

△不太諳英語的山東老鄉在美國上駕駛課，美國老師說緊急時要："Sound the horn."

正在打盹的老鄉大吃一驚：「怎知道我叫『孫毅宏』？」

3.受播者要合作，不論了解或不了解，一定要對傳播的人負責，尊重傳播者，設法了解傳播者，即使「有聽沒有懂」，也要「聽」。所以，英文總是這樣說的："I am listening"。

△訊息所採用的符號，應該充滿對比性（contrast）（以引起注意）、可（易）讀性（readability）、可聽性和可看性以及報酬（reward）或威脅（threat），並且都是大家經驗上所能了解的。〔所以，與其對讀小學的小胖說：「都已成明日黃花了，還計較甚麼」，就不與說：「過去就算了」，更不要說："Let by gones be by gones"，令他一頭霧水。〕

△如果傳播（溝通）的目的，除告知（to inform）之外，還更要將對方勸說（to persuade）的話，則訊息必定要能激起對方需求，並且讓他知道滿足需求的可行方法。例如，老師對小胖說：下星期就大考了（告知），你第一段考考得不好，但上次考得不錯（對比），再加把勁一定可以拿書卷獎（勸說／報酬）；其實這也不難，從今日起先不玩任天堂就行了，否則就功虧一簣（威脅）。不過，訊息裡所建議的滿足需求方法，不能違反社會規範，對方才易於接受。例如，就不能教乖寶寶小胖如何帶小抄作

弊，違反校規。如果小胖知道用功、考得好就可以獲得嘉獎、讚賞（知），但他卻抵受不住整個星期「寒窗苦讀」而不玩電玩之苦（行），好生苦惱，悶悶不樂（矛盾）。這就合了美國社會心理學者斐斯汀吉（Leon Festinger）所說的「認知的失調」（cognitive dissonance）。小胖就只好不是暫時和電玩「絕交」，就是夜以繼日的埋首書本之中，以減輕這種內心上忐忑不安的矛盾壓力。但不管他改變讀書的態度，抑或是視書卷獎為無物，他都一定找藉口來把行為或想法合理化（rationalization），以便「依計行事」〔「說服傳播」（persuasion），是傳播研究上一個很重要領域〕。

四、傳播的簡單模式

　　研究傳播的學者在研究和解說「傳播是甚麼」時，總希望能藉一個簡單的圖表，把傳播的過程及內容要素，來界劃清楚，並加以簡化，以便易於記憶和分析運用。因為傳播可以從各方面來加以推衍和解釋，學者也就從傳播者、過程、訊息、受播者、互動關係及傳播情境等，提出各種不同的模式。不過，本書的重點在於基礎的介紹，所以，只依功能性方面的考量，作一個扼要介紹。

　　1.美國政治學者拉斯威爾（Harold D. Lasswell）於一九四八年提出的「拉斯威爾公式」（Lasswell Formula），是傳播的基本理論模式〔「／（）」為早期學者尼克森（R. B. Nixon）所補充〕：

公　式　主　體	要　素	延　伸　研　究
誰（<u>Who</u>）／（意欲何為？）⇩	傳播者	控制分析(誰擁有)
說些甚麼（Says <u>W</u>hat）⇩	訊　息	內容分析(誰製造)
經由甚麼通道傳達（Through <u>W</u>hich Channel）	媒　介	媒介分析(誰使用)
對象是誰（To <u>W</u>hom）／（受播時情境）	受播者	閱聽人分析(他是誰)
獲得些甚麼效果（With <u>W</u>hat Effect）	回　應	效果分析(誰回話)

　　這也是一個「5W」公式，不過論者謂這個公式，對於受播者動機（如對媒介的使用與滿足），與社會動機（如宰制傳播科技、工具者，究竟懷著甚麼意圖——牟利或服務大眾，以及他們的意圖與媒介內容，又有些甚麼關係等），也就是「為何」（Why，第6W）卻付闕如，誠美中不足之處。

　　2.傳播學者貝羅（D. K. Berlo）參照拉斯威爾公式，於 1960年提出「傳播 S-M-C-R 模式」（Communication S-M-C-R Model），用傳播者（Sender, S）、訊息（Message, M）、通道（Channel, C）和受播者（Receiver, R）四個元素的要素及其本身所受到的影響，來描述傳播的基本過程：

元　素	影響四大元素的要素
傳播者（S）	傳播技術／態度／知識／社會系統／文化
訊　息（M）	內容／符碼／結構／成分／處理
通　道（C）	視／聽／嗅／味／觸
受播者（R）	傳播技術／態度／知識／社會系統／文化

3.傳播學者羅斯（R. S. Ross）在 1965 年，則圖文並茂地將傳播時諸如氣氛（climate）、情境（situation）及文化（culture）等人文因由（human attributes）合併計算在內，而提出「人類傳播模式」（Model of Human Communication）：

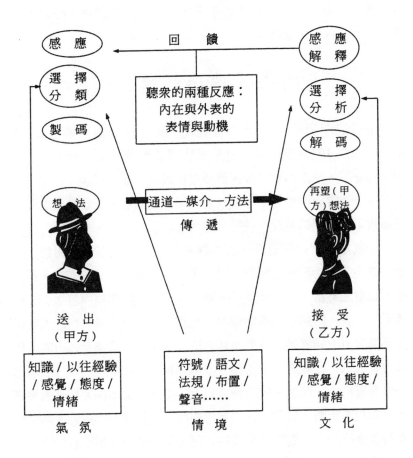

五、傳播符號

傳播符號範圍廣泛，大別之則有 1.符號：如各類標誌、圖文、文飾（如×、△）及文字；2.語音：如言語、音訊；3.光影：如燈號、訊號（彈）；4.器物：如祭器、法器及 5.肢體語：如喜怒表情、手勢及各種表意動作。

六、傳播效溝

根據前面提到「知溝」的假設，美國學者羅古斯（E. M. Rogers）於 1976 年，將之引申成「傳播效溝」（communication effect gap），指出用意在於達到變遷目的的傳播，經過一段累積時間之後，社會經濟地位高者與社會經濟地位低者，兩者地位之間，傳播效果所出現的差距，往往會拉大。

也就是說，擁有資源、資本財多的人，他們經驗、利益、背景、立場、生活形態都類似，而為了生產會樂於接受新知識、新技術，以增加財富，故較能樂於接納以變遷為主的傳播內容；但對於邊際人來說，既然在人際網絡中「墊底」，傳播的信息可能對他們並不具實質上的意義，他們也無心去「暴露」，溝通管道阻塞，傳播效果就低，相較之下，兩類人不但存有傳播效果上之溝，而且鴻溝會愈來愈大。例如，擁有龐大資金，準備在股市作大投資的投資人，對股市新聞，自然十分注意；相反，三餐都不得溫飽，為生活而營營碌碌的人，對股市漲落的新聞，可能就連看都不看一下。

羅吉斯認為想「填」這個溝，可以在傳播時：1.儘量使用傳統

性、人人可「暴露」的媒介；2.從邊緣人中找出意見領袖，利用他們作二級傳播；3.從邊緣人中選擇精英分子加以訓練，以為我用；4.在社會發展活動中，儘量讓此群邊緣人親自參與實際的策劃與執行；5.設立專責機構，和邊緣人一起工作；以及 6.多製造、傳布對邊緣人新穎、有用的資訊。

七、「另類」傳播

　　要將人的傳播來分類，其實尚可分為某人在稍大公眾場所向公眾演講之類「公眾傳播」（public communication），以及一個組織內、組織與組織之間溝通的「組織傳播」（organization communication）。組織傳播實即等同「公共關係」（public relation）的運作，公眾傳播與「語藝傳播」（speech communication）又相互為用，都是傳播研究、運作上的大題目。另外，在兩級傳播中，有所謂意見領袖；在閱聽人當中，也有所謂「二手閱聽人」（secondary audience），指的是報紙、雜誌之類「戒買不戒看」的「傳閱讀者」——他（們）只是借來看，而「誓」不購買。傳播學在此方面研究不多。

第二篇
認識大眾傳播

彭家發

一、大眾傳播的意涵

在前一篇談「認識傳播」時，已從傳播者與受播者的數量關係，提及「團體傳播」一詞。據此一標準而言，團體傳播可以分為傳播者為一人，受播者為多人，以及倒過來說，傳播者為多人，受播者為一人兩種。如果把「團體」兩字，易之為涉及更大範圍的社會環境，就是我們常說的「大眾傳播」了（mass communication）。就本質而言，大眾傳播與大眾傳播媒介是有所不同的。大眾傳播強調過程，大眾傳播媒介則常指媒介的種類和內容，但目前一般人已把兩者合而為一。所以，一提及大眾傳播，我們總想到報紙、雜誌、廣播、電視及電影等「大眾媒介」（mass media）──因為這些都合乎上述所說的型態：傳播者為一人（「組織化的個人」，即媒介，如美國著名的《紐約時報》），受播者為多人（如眾多讀者）；以及傳播者為多人（如聽眾），受播者為一人（如電臺，聽眾打電話給某節目對時事發表意見）。所以，大眾（mass）一詞，起碼就有三層意義：1.大批的彼此多屬陌生的個人；2.多量的（輸入、輸出）訊息；3.大規模生產（並且大眾化、方便而富易得性）；另外，則意指著匿名的受眾，發生時空上的結集和凝聚，以及這一批公眾所凸顯的心理和社會意義（大眾社會的成員，通常相互間沒有關係存在，缺乏全體性組織，而成員的條件與地位，則又異質性高）。從人際傳播架構來衍展，大眾傳播就等於是無限量的人際傳播，兩者是密不可分的：

```
          傳播者──→通    道──→訊    息──→受播者(社會結構)
人際傳播：個  人    符號(直接)  表意內涵    個  人(人際社會)
大眾傳播：媒  體    媒介(間接)  媒介內容    眾  人(媒介社會)
```

　　所以，大眾傳播，亦即信息的啟動者，可以概括地意指：由組織化的媒體（例如報社、電臺、廣告公關業、時代與華納之跨國媒介企業），運用其機構能力（例如記者、編輯等等信息製作群），將蒐集、處理過的訊息內容（例如資訊），透過本身大量發行的媒介（例如報紙、雜誌），經由行銷通道（例如報攤、報販），傳達給大眾閱聽人（mass audience）的一種傳播形式。

　　所以在大眾傳播中，不但傳播者的訊息，必須透過組織過的程序來傳遞，訊息公開、快捷但為時短暫，閱聽人眾多但背景各異；而在傳播者與受播者、受播者與受播者之間，通常關係疏遠、陌生，只能靠一般反應（例如收視率、電影票房紀錄），以及個別回應（例如寫信、打電話給報社或讀者消費協會等）來溝通，這就是所謂的回饋。而受到環境干擾，以致收視、收聽不良，則可視之為「噪音」干擾；至於傳播者的可信度（source reliability），則更是生存命脈之所倚。所謂傳播者、可信度，指的是誠實、公正之可倚靠程度（trustworthiness），其經驗、能力（competence）與專業程度（professionalism），其積極、主動程度（dynamism），以及其客觀性程度（objectivism）等等而言。

　　德國社會學者德士曼（P. Deulschmann）將人類傳播形式，曾作以下分類：

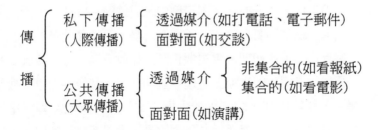

二、大眾傳播之可能源起

大眾傳播一詞，大約興起於二十世紀 1940 年代左右的美國，敘述大眾傳播發展，通常亦以美國為主線。不過，十九世紀前期，美國已採用動力印刷機，而邁入大規模印刷時期。所以，最初出現的重要大眾媒介，當屬傳遞新聞、廉價的大眾報紙出現。尤其是1833 年《紐約太陽報》（*The New York Sun*）之薄利多銷〔只賣一分錢，故稱為「一分錢報」（penny paper）〕，更為大眾傳播邁出最穩健的第一步。

自後，由於政治、經濟、技術、社會、文化、資本主義理念孳衍、產業革命及市民社會（civil society）等條件的配合，大眾傳播基礎乃日漸開展。例如，十九世紀中期，電報的發明使用，就是一個技術上累積的因果，儘管當時它還不是一種大眾媒介，但它卻是以後大眾電子媒介進一步發展的基礎。到十九世紀後半期，各種成功的試驗，打開了二十世紀大眾傳播時代的來臨（見前篇「人類傳播發展簡史」內文）。新世紀的前十年，電影成為西方社會所享受的娛樂；二〇年代，收音機走進了家庭客廳；四〇年代，家庭電視

面世；五〇年代，收音機在美國家庭中，已達飽和狀態，人們已經廣泛在汽車、臥室和廚房等處，添置第二臺、第三臺收音機。五〇年代末葉及六〇年代初期，電視機也開始如收音機一樣，接近飽和狀態，至七〇年代，則實際上已達到飽和狀況，其他各地也同樣不斷進展。各種新媒介，諸如錄放影機、電腦、傳真機及有線電視等，不停地出現，人類傳播行為急劇增長，大眾傳播已與現代生活密不可分。

傳播「革命」，實在貫透著整個人類文化、生存的過程。每次革命，都給人類帶來思想、技術、生產、社會組織和文化等方面之重大變化。雖然，有些尖端科技的發展，對我們生活「不見得」有怎樣直接的影響，但它的間接意義，卻非同小可。舉個例子來說，衛星雖然可能不會對每個人的生活有著直接影響，但提起衛星電視，大家就不會陌生了，而曾經有調查發現，美國兒童看電視的時間，多於花在學校的時間。

三、大眾傳播的性質

根據社會學者又是研究傳播的狄福（M. L. DeFleur）的觀點來說，我們生存在一個如人體一樣的有機體「大眾社會」中（mass society），在「大眾行為上」（mass behavior）人與社會秩序關係同質性極高：心理上與他人孤立、人與人之間充滿疏離感以及不重視社會規範等等。為社會政經制度的次系統（subsystem）傳播制度、大眾傳播媒介和大眾傳播處在這種社會性格、組織制度、人際關係和文化品味的生態環境（ecology）之下，自必依賴市場、組

織資金（所以它依附權勢）和技術，方得以生存和發展。綜而言之，大眾傳播的性質有如下述。

(一) 企業化

　　雖然大眾傳播組織型態，依其政經體系的所有權歸屬來分，有國營（如臺灣警察廣播電臺，警廣）、黨營（如大陸《人民日報》）、公營（例如 1990 年改組前之「英國廣播協會」，BBC）、民營（私人或財團法人，例如香港之「亞洲電視公司」／亞視）、公共、非營利（例如臺北公共電視臺／公視）以及採用上述任何兩類之混合型（例如，1990 年改組後之 BBC，即為「公商並營制」；又例如瑞士、荷蘭諸地，是採取機構國營、節目民營的合營方法）等多種，但都一概視為一種企業，透過公司組織的運作，來推展大眾傳播事業。故其操作規模，有本土、跨國、全國、跨省、連鎖經營（chain）、跨媒體（介）經營以及跨企業經營（conglomerates）等等。而既是一種企業，自必員工眾多，設備昂貴，開支經費龐大，而不得不視媒介為一種商品（起碼是文化商品），將之作為經營基礎。因此就引起了下面諸多問題：

　　1.不管是無限量的或保守性的（如 BBC），都在追求利潤，注重媒介銷售所得和廣告的收入。

　　2.視廣告客戶為財神爺，以爭取閱聽人為職志；媒介之間（如報紙與報紙），經常處於激烈競爭狀態。

　　3.媒介間利害關係，又通常反映於媒介內容，或新聞資訊處理上。所以，我們不斷見到廣告戰（拉廣告的人拚個死活）；促銷戰（如訂報可以抽得大獎）；新聞筆戰（甲報說乙報錯誤，乙報說甲

報失實）；甚至基於媒體立場（一般稱為「編輯政策」）而來的意識形態之戰（例如，甲報說乙報偏向執政黨，故報導不公，而乙報則說甲報偏向在野黨）；至令有為社會大眾「知之權利」（the right to know，又叫知情權）服務之稱的「社會公器」（public institutes），淪為私器，混淆了社會大眾視聽，喪失資訊之所以據以營生的作用。所以，英國著名文化學者威廉斯（R. William）認為，大眾傳播制度，可以分為極權（如共產主義制度）、父權（如社會威權主義）、商業及民主（如資本主義）等四類。極權制考慮「能說甚麼」？父權制考慮「該說甚麼」？商業制則是求其「甚麼能賺錢就說甚麼」。

㈡ 非人格性（impersonality）、間接性

　　由於媒體傳播者為機構化的個人，所以它的傳播行為是間接，而非親身、事必親躬的。所以，我們在電視上看到我們的偶像，卻不能「擁抱」他；我們在收音機上聽到節目主持人悅耳的聲音，在報章上看到記者先生的大名，卻不知道他長得怎樣；而且，又由於機構愈龐大，則分工愈複雜、細緻，例如報社編輯部就分編輯部和採訪組。一件「產品」的完成（例如，新聞或節目），勢必流經許多步驟和人手，方能呈現在媒介上（例如，記者採訪、撰寫新聞；編輯做標題、編版面，然後，我們才可以在報紙上看到新聞），而並非由我們一手包辦，能明顯地露出一己獨特個性和風格。而且，由於企業文化影響，企業內的個人，工作久了之後，或多或少都會「內化」而成為企業的一個「縮影」，跟著企業類化了的所思、所感和所言而起舞，變得和企業一樣面孔，一鼻孔出氣，而抑制著個

人感情和個體差異（所以，我們不必奇怪，為何某報記者總是聳動、誇大；或者某雜誌內所刊登的文章，總是如同出自一個人手筆似的，而閱聽人在罵媒介時，則總是說，「哼！□□報的記者」之類，一竹竿打翻一船人），此即所謂之「組織人」（organizational man）是也。

　　由於科技發達，整個世界在通訊網（communication network）的籠罩之下，已成傳播學者所說的「地球村」（global village），大眾傳播的報導範圍，已擴及全世界，天天都資訊爆炸。然而媒介的容量始終有限（有線電視，也頂多每日播廿四小時），故在處理資訊時，就非極度選擇及壓縮內容不可，以求資訊容量最大、內容類別最多。結果則必然招致內容的類型化（所以報紙分為政治、社會、財經等等版面），以及簡略化——只是注重無情的事實、數字，而遏制感情和個人的差別（例如，報紙強調「純新聞」報導：□□路一幢四層高公寓，今日凌晨發生一起火警，濃煙嗆死室內熟睡中□名男女）。

㈢ 內容雷同、劃一

　　大眾傳播媒介以大規模生產，儘量獲得最多閱聽人為鵠的（所以，有些報紙經常在強調超過□百萬分）。但是，為數眾多，各個不同階層、年齡、地位、學識和趣味的閱聽人，從另一個角度來看，卻是不分彼此，接受同一包裝的媒介內容，頂多是就所有的有限度內容，如自助餐式地就自己口味，選食自己的「精神食糧」（Spiritual goods）。

㈣ 被激情主義（sensationalism）掣肘

為了獲得最大數量的閱聽人，大眾媒介不免從人情趣味的角度著手，在競爭壓力下，不免走向極端，迎合低級趣味，而始終被困在激情主義胡同內，不能自拔。所以，報章、雜誌總是多誇大、富刺激性的社會新聞——醜聞，則繪聲繪影；凶殺，則描寫犯罪過程鉅細靡遺。以致經常誤導閱聽人認知——不去關心事件本身的意義，而只是膚淺地注意事件旁枝末節的表面輪廓。（例如，只求對某件搶劫過程看得過癮，而不去理會為何有人年紀輕輕就淪為搶匪？為何受害者得不到路人援助？）

四、大眾傳播的流程結構

㈠ 傳播者

廣義而言，傳播者包括傳播機構及機構內主管、幕僚及線上工作的眾人，如製作人、撰稿人、記者、董事及媒介主（握有控股權的老闆）等等。傳播媒體內的高層組織（例如，董事會、老闆、部門經理），實質上可以說是操控著該企業的「主流派」，對於所製作的傳播內容，一般都具有最後的發言權（頂多是程度上的輕重而已）。所以，在一般人眼光中，居於高位的幕後主管人員，反而有更高的社會地位；而大多數的媒體主都是財雄勢大，或者與金融資本密不可分，所以他們能否氣不粗（例如，不做「報閥」），就端看他們是否認同大眾傳播為良心事業，而正派經營了（有些則是賺

錢之後，再標榜走正當路線，放棄「污染社會」視聽做法）。

(二) 大眾傳播媒介

如報紙、雜誌、廣播、電視和電影等之印刷媒介和電子媒介，都有著強大的傳播功能，公開、快速（但不耐久），間接代理傳播者訊息與受播者（閱聽人）接觸。不同媒介有不同的傳播功能，例如，報紙雜誌具有紀錄性（所以公營報紙，就不得不把長篇大論的文告、專欄、政策等全文照登）；廣播具有速報性、時效性；電視、電影則具有逼真性〔現在科技已經能做到「超真實」（hyperreality）、「模擬真實」（virtual reality）之境界〕。

(三) 傳播內容

大眾傳播內容通常由媒體主動供應，也有因為閱聽人的反應意見或需求，而提供某些經過訊息設計的社會性內容（如電視節目的調整、公共電視及讀者信箱之類）。傳播內容廣泛，大別之則有新聞、解說（指導）、意見、娛樂、旅遊、政治、經濟、社會及文化等多樣性訊息。因為媒介之間存有強烈競爭，為達到促銷目的，傳播內容便出現企業性而面向相同的立體化現象，共同性非常之高（所以我們可以看到某報的某版，同對手報的某版，不論在內容形式和編排格調上，似足了孿生兄弟；而某一個電視節目收視率高，觀眾反應不俗時，各臺便立刻推出相同類型節目）。再詳言之，大眾傳播內容，一般可以作如此描述：

1.**大量性**：講求多銷，荷載量盡增大。例如，報紙爭取最多銷售量，而不斷增張，電視臺延長播放時間，廣告愈多愈好。

2.**規格化**：由於大量生產，媒介內容當然是制式化、規格化生產。例如，1994 年 3 月 1 日，第一張《民生報》所印出來的第一版，與第四十萬分第一版內容，就是完全相同的，餘如版面、頁數、紙張大小等，無不相同。又例如，拍一部電影，就有好多部拷貝（copy）；再如除了地方版、廣告分版刊登之外，同一報社每日出版的報紙版面內容性質都是相同的。而至於所謂版性、編排風格及撰述取向等，也有很明顯的連續形式（如一律寫藝人「起居注」）。

3.**同質性**：訴求以相同性質的媒介內容，如撒網捕魚一樣，涵蓋大量不同的個人，力求能針對他們的同質性而推出媒介內容，希望契合同質性的眾人，受到他們的認同（愈多愈好）。所以在內容組合及包裝上，除了專門、特定對象外（例如，家庭裝潢），都走大眾化路線（例如，1993 年時，臺北男女老幼都喜愛華視八點檔連續劇「包青天」，於是，華視便趕快延長劇集；又例如，股市旺時，各個行業的人都忙於炒股票，報紙投資版便會特別注意股票消息）。

4.**中立性**：除了意識形態極強的媒介，基於編輯方針，走主觀性──「我就是這樣說」的處理方式外，一般媒介內容，多標榜中立立場，而由閱聽人自行選擇商品（內容），自行判斷取用，以免與閱聽人特定立場衝突〔社論或論說，或許存有媒介的立場，但亦通常採取解說、勸說方式，以一種第三者的立場，提供觀點（輿論），而讓讀者自行對特定問題判斷、認同〕。

5.**多元性**：在有限容量內，媒介內容力求多元，以適合讀者群的各個階層口味，補救同質性的缺失。例如，報紙裡有婦女版、兒

童版、副刊、漫畫等等不同內容。

6.**片段性**：大眾傳播媒介不論推出甚麼內容，新聞也好；娛樂消息也好，都是一種時時推陳出新，突爆性的行為──急急忙忙處理突發事件，也會視社會氣氛，突然推出某些內容，以與同業競爭，缺乏組合、編排和引用的邏輯，尤其在新聞處理方便，在純事實報導的專業理想下，通常只報導出冰山一角，或把某一點擴大成面的報導，即屬「結案」了事。至於事件詳細來龍去脈、前因後果或解決之道，則點到即止，往往令人如墜五里霧中。所以，如果計畫編輯、企畫報導、深入報導及調查報導等報導方式，如果處理得宜，或許可以稍事彌補這一缺失。

7.**不均衡性**：大眾傳播媒介內容比重，並非是均衡的。例如，基於機構本身立場關係，對於某一特定事件或爭論的報導，常以較多篇幅支持某一論點、立場或態度，而遏抑另一方；又例如處理某些內容時，未能依其社會意義及重要性，而給予應有的評價和處理，而僅訴求其商業性（賣點）刺激層面，而予以誇大渲染，以致娛樂有餘、社教不足。所以麥可‧傑克遜到臺北演唱，各報均以顯著篇幅大幅度報導，其他有關臺灣民生更重要、關係更多人的事件，只好靠邊站，低調處理，把有限篇幅讓出（所以，也有人說，新聞愈大，所知愈小）。

8.**類型化（typifications）**：在時間的壓力下，把傳播內容加以劃分，亦即類型化，使運作有規可循，素材則「有處可去」，而易於傳布。例如，把新聞事件分為軟性新聞（如人情趣味）、硬性新聞（如政爭）、突發新聞（如車禍）、續發新聞（如立法院開會審查預算）和醞釀中新聞（如兩國開戰前新聞）。

㈣ 受播者

受播者，亦即接受訊息的那一群人，大而言之，則是讀者、觀眾和聽眾，也可合稱閱聽人或受眾（receiver）。如果以特定的訊息，向特定的閱聽人傳達，則稱為「目標群眾」（target audience）（例如，瘦身廣告的目標群眾，可以是體重過重者，也會是想保持好身材的青少年）。受播者可以為一人、數人、一個團體乃至幾十萬、幾百萬不同的個人（如從衛星電視轉播中，觀看世界杯足球賽），透過媒介間接與傳播者「接觸」。所以，他們來自各行各業，不同階層，不同文化水準，不同財富狀況，組織鬆散，沒有共同舉止，各分子之間很少互動，而且，通常是不知名的個人。

在政治、經濟、科技、生活及文化的特定社會條件發展和推動之下，受播者媒介素養日漸提高，從而不但培育了對大眾傳播的基本（直接）需求（如包括求職的各種營生資訊），還更誘發出大眾傳播的次要（間接）需求（如電影上演之娛樂消息），並且日益求好（例如有了電視之後，又要看衛星電視）。時至今日，吾人想大眾接觸的需求，除了媒介極不發達地區的「化外之民」外，似已成為一種本能需要（一如俗諺所說：「不可一日無此君」）。早期美國社會學家柏爾遜（B. Berelson）曾經指出，讀者之所以讀報，乃是基於：

1.閱讀政治之類硬新聞，以認識、了解特定的社會（公共）問題，適應社會型態。

2.尋求諸如經濟商貿、天氣報告之類日常生活知識。

3.休閒娛樂的獲得（閱讀副刊、藝文版）。

4.擁有更多資訊（成為知識、話題來源），希望受到社會人士的尊重。

5.接觸新事物、新潮流的需求。

這些，也是人們接觸大眾傳播的相同理由。

不知名的閱聽人真是「千頭萬戶」、「散落四周」，個個像「頭腦裡裝了燈泡」──個性衝動，容易受他人、環境暗示，而又易於彼此感染情緒氣氛。所以，早期美國傳播學者克勒奇（D. krech）和克拉奇斐德（R. Crutchfield）兩人，早就假設閱聽人的理解過程，不但會作功能性的選擇（如前文所提及），而且更會把事物通通堆疊、組織起來，而賦予意義。所以人們是在整體事實的「金剛箍」下，去理解「局部」事實的；並且，凡是時空相近，或者互相類似的事物，會被人們誤認成是附屬於某個「整體」的「小組織」──這就是閱聽人理解世界的「祕密」。

我國傳播學者徐佳士教授因此提出何事？為何？及如何──這三把打開閱聽人心靈的「鑰匙」：

△閱聽人會注意些甚麼事物？

△閱聽人為何對他所注意的事物有興趣？

△閱聽人是如何理解他所注意到，而又有興趣的事物？

也許美國傳播學大師宣偉伯（W. Schramm）所提出的一個簡單分數公式，可以為上述三大疑問的一個「總而言之」的答案：

$$\frac{\text{可能企望得到的報酬}}{\text{需要付出的勞力}} = \text{將會選擇（媒介）的機率}$$

　　宣偉伯把這個分數公式，稱為「選擇分數」（fraction of selection），其實想也想得出：可望獲得的報酬（或感受的威脅）愈大（例如，失業漢找職業），需要付出勞力愈小、愈方便（例如，某報關固定專版刊登全版「事求人」分類廣告），人們選擇這一媒介的機會（例如，買這分報紙），也就愈大。這也就是所謂的使用與滿足「效用原理」（utility）。當然，除了這種易得性（availability）之外，諸如習慣性（例如，看慣某臺電視新聞的播報格調，除非爛透，否則不想轉臺）以及深得我心（consistency）等（人總喜歡看合符自己口味的東西——這樣才爽，所以，某人會訂閱甲報，而不想看乙報），都是對媒介選擇的潛意識或明顯的考慮因素。所以，有關閱聽眾就有若干假設：①他們是存在於社會的一群，傳播者可以藉訊息設計、布局和結構，而使得訊息對他們啟動起來；②他們「這一群人」可以同時、同地接受同一訊息（allocutory）；③在同一文化社區內，有著共同背景的「這一群人」，可能受傳播者的訊息影響；④「這一群人」自願而又愉悅地接受訊息後，可能改變（或堅守）行為；⑤故而閱聽眾有可能受傳播者訊息影響（而不自覺）。

　　所以，歸納起來，閱聽眾使用大眾媒介目的，不外乎追求滿足（排遣時間、尋求娛樂、獲得新知），能作人際溝通（與他人交換消息、分享苦樂、加強人與人之間聯繫），學習並參與社會角式，抒發情緒和抒發、涉入（involve），例如，印證以往經驗，認同傳播敘事中之情節（plot）、角色與人格特質。因此，閱聽眾所處之文化社區，時空情境，文本形式（genre，如報導體裁），訊息結構，以及閱聽眾本身之認知結構、經驗和刻板印象等，都是影響閱

聽人詮釋傳播者及其訊息的因素。

(五) 大眾傳播的流程

　　大眾傳播媒介的流布，通常有兩條「殊途而同歸」的流程。其一是媒介荷載萬千訊息，令閱聽人親身隔空聽到（廣播）、隔空看到（電視、電影、網路），以及近距離「暴露」接觸、觀看（如報紙、雜誌），而獲知訊息內涵。另一條則是由得知了媒介訊息的閱聽人，成了消息靈通人士，到處宣傳他（們）所知的消息（甚至加上一己意見，而成了前述所謂的「意見領袖」），使得消息更為大眾所廣知。這一條路線可以說成是第一條路線的延伸，多由彼此相熟、同群的人〔學術上稱為「原團體」（prime group），彼此一再履行此一再「散布」（diffusion）任務。如前所述，這種形式的流程，學術上稱之為「兩級傳播」或「多級傳播」。更由於這種形式的傳播，具有人際關係上可能「湊效」的親身影響力，故對閱聽人的新知和新事物的採納上（adoption），可能更加具有影響力。

(六) 大眾傳播的回饋

　　在當著面「你來我往」的「人的傳播」中，我們彼此可以立刻察顏觀色，鑑聲辨貌——透過這種回饋而得知大家到底是否「傳」而得「通」。但在大眾傳播的過程中，媒體對於閱聽人的回饋（反應），就不是那麼立竿見影的了。所以，據美國傳播學者希伯特（R. Hiebert）等人就指出，大眾傳播的回饋有六大特性：

　　1.它是間接性的：閱聽人對媒體（如報社）或媒介內容（如某則新聞報導）有回饋時，他（們）也必得利用媒介（如打電話、投

書），間接地表情達意。

2.它是延遲（delayed）「抵步」的：如上一例子，即使用電話或傳真來投書，也已經可能不是立刻的行動；何況，媒體在處理上（回覆）也必然費時耗日。如果媒體主動做問卷調查，則更花時間了。

3.它通常是積聚性（cumulative）的：票房紀錄節節高升，收視率攀高，發行量減少，都要積聚到一定程度，才能發覺得到它的結果和趨勢。

4.它是代表性的：因為閱聽人為分散的大眾，所以只能依靠某些人的回饋，作為推敲依據。例如，民意調查的抽樣做法就是了；而通常我們只能計算出平均的「樣版人」（例如，平均年齡、平均收入之類）。

5.它是組織化的（institutionalized）：通常得依有組織的民意調查公司，或本身民意調查部門，進行民意調查，收集回饋。

6.它是量化的（quantitative）：民意調查所得資料，必得用統計方法（亦即量化），取得數據（data）後，才可以得知回饋意義（例如，對某電視臺主播有好感，而且在程度上——非常好感）。

至於大眾傳播的「噪音」干擾，在技術層次而言，可以簡單地說成有聲（如電波對正常播音的干擾，而收聽不到、聽不清楚）、有色（如電波對電視的干擾，令螢光幕出現雪花、鬼影而收視不良、看不清楚）以及故障問題（如印刷品彩色套色不準，以致版面一片五顏六色，一片墨水，而看不清楚內容）等等。

五、大眾傳播的兩個簡單解說模式

㈠ 衛斯理、麥克連的傳播過程模式

　　這是 1954 年時，早期美國傳播學者衛斯理（B. H. Westley）和麥克連（M. S. Maclean, Jr.）兩人所提出的：

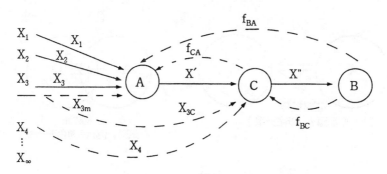

解說：

A：傳播者（消息來源），他直接感受很多訊息（X_1、X_2、X_3、X_4……X_∞），也間接得到訊息（X_{3m}），經過選擇、過濾後，他把訊息（X'）傳給 C。

C：媒體，它從 A 處得知消息後（如採訪得知），經過專業處理（如編輯、印刷、發行），透過媒介（如報紙），把處理過的內容（X''）傳布給閱聽人 B。C 等於是訊息代理人，它所得的訊息是多元的——可以從外間得到直接消息（X_4）或間接消息（X_{3c}），而不一定非依賴 A 提供不可。

f：f 是回饋（feedback, f）。所以 f_{BA} 是閱聽人（B）向消息來源

（A）的反應；f_BC 是閱聽人向媒體（C）的反應；而 f_CA 則是媒體向消息來源的反應（互動）。

明白這個公式，就應更進一步明白另一個「消息來源（A）與記者（C）人際關係模式」（亦即上述 f_CA 的延伸）。此模式是美國傳播學者吉伯（W. Gieber）及詹森（W. Johnson）兩人，於 1961 年提出，模式是這樣的（「⟹」表示資訊流向）：

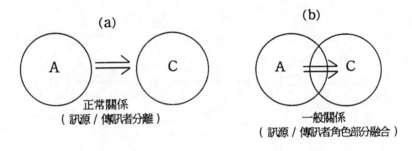

(a)

A ⟹ C

正常關係
（訊源／傳訊者分離）

(b)

A ⟹ C

一般關係
（訊源／傳訊者角色部份融合）

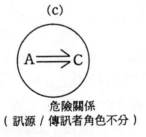

(c)

A ⟹ C

危險關係
（訊源／傳訊者角色不分）

說明：

⒜：消息來源循正常資訊通道流向獨立自主的採訪記者。

⒝：消息來源與記者的身分、特質、角色有所重疊，故可能有損一名記者的獨立自主性──一旦失控，問題就可能有點兒糟糕，不過這已算是「不滿意，但可以接受」的中庸模式了。

(c)：消息來源與記者不分，變得提供消息的人與蒐集消息以告知
　　大眾的人共舞，一旦「共謀」為所欲為，或成為了「媒體指揮
　　家」時，情況就十分嚴重。

　　另一個要了解的，則是解說新聞資訊輸入（input）、輸出
（output）時，其新聞資訊原質保持和流失的情形和原因。此模式
亦是美國傳播學者嘉同（J. Galtung）
和魯芝（M. H. Ruge）於 1965 年提出，有名之為「新聞門檻模
式」（selective gatekeeping）。

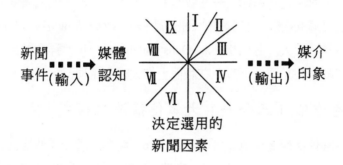

說明：

　　新聞事件經由媒體認知後，透過諸如考慮其意義強度
（intensity）、基於企業文化而來的媒體內檻標準（threshold
value）、問題清晰度（clarity）、文化上的接近或相關性
（relevance）（例如，海外華僑新聞）、突發性（令人驚異），合
乎期望（consonance）、持續發展（continuity）、組合性
（composition）（如硬性新聞過多，就會「保障」軟性新聞「名
額」，以求平衡及多元性），以及社會文化價值觀等等，而處理、

製成媒介成品傳布於眾,社會大眾對於新聞事件的認知,是媒介所給予的印象(media image)──所以便有了備受攻擊的所謂「媒介真實」和「二手真實」。

綜而言之,以報紙為例,新聞之所以見不見報(媒介),不外視乎是否合於排除條件(exclusion)(如沒有新聞價值)、刊登性強(additivity)(如新聞因素愈多,刊出機會愈大)以及存有補充性因素等(complementarity)(考慮新聞刊登的因素眾多,如果某事件有些因素較弱,但某些因素卻較強,也會因為整體考慮而獲得刊登),而決定其命運──在版面消失,登一小段,或大幅度處理〔例如民國95年6月初美國《紐約時報》(*The New York Time*)董事長兼發行人沙茲伯格(A. Ochs Sulzberger, Jr.)拜會聯合報社時,《聯合報》將此行程,在版面上作大幅度處理〕。

㈡ 宣偉伯「三合一」大眾傳播流程模式

美國傳播學者涂爾文(G. Tuckman)認為所謂的「傳播工業」(Communication industry)其實就是一種「思想工業」(Consciousness industry),而宣偉伯早在1954年,即提出一個大眾傳播媒體之傳播者、解釋者和受播者三位一體(一如人際傳播)的大眾傳播大喇叭型(Tuba)流程模式,綜述如下。

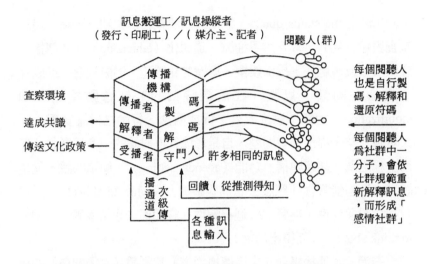

　　值得一提的是，閱聽人是不分國界的，只要接觸媒介成為關注群中的一分子（Attention Aggregates），就是閱聽人。

六、大眾傳播的功能

　　大眾傳播組織非常緊密，有如一張「傳播網」，令天下閱聽人盡入彀中，社會功能非常明顯。而在這個總攬全民活動的行為神經系統，綜言之，有守望社會環境，解釋環境，偵察（surveillance）潛在危機，宣洩情緒、緊張（catharsis）（例如，內心深處有暴力傾向的人，看過打架節目後，等於自己也打了一場勝架，就消除暴力傾向，但在負功能方面，則有人持相反看法），授與地位（conferring status）（例如，「媒介寵兒」），加強社會規範（enforcing social norms）（例如反吸毒運動），維持現狀

（affirming the status quo），協助政府決策（例如利用社論、民意調查表達意見），教育大眾通識、道德化（ethicizing）（如傳播社會價值觀及規範），提供娛樂，傳遞文化遺產，聯繫社會，促成社會向心、團結，以及（在危機時刻的）社會動員（social mobilization）功能（態度改變，促成觀念、行動之付諸實現）。大眾媒介整天提出社會問題，自是形成社群討論的一個好機會〔學術上稱之為「議題建構」功能（agenda setting），簡單的說，就是說媒介不但能教你「應該去想那些事情」（what to think），更可以提供很多條件，從旁、迂迴提醒你「該如何去想某些事」（what to think about）（而得出結論）〕。

　　透過大眾傳播媒介（次級傳播通道）和團體（次級關係）的倡導，尚可以整合社會（social integration）。可見受大眾傳媒薰陶、涵化（cultivation）影響，社會閱聽人確已對大眾媒介依賴得「不可須臾離也」──它每秒每分的強勢攻勢，已引起受播者一種微妙的心理變化，舉例言之：

　　1.受前述傳播內容同質化、規格化（內容大同小異）影響，大家不分彼此，上下同好，人人變得同質化（the homogenizing effects）、劃一化起來。

　　2.由於「量」的浸淫，大家都被動化與聽任自然（如在同時段內打開電視，有甚麼節目就看甚麼節目──反正都差不多）。

　　3.受內容的不均衡性、片段性及多元性影響，大家可能受到「社會暗示」性，而變得感情用事成為「媒介俘虜」（如 1994 年 3 月下旬，臺灣許多閱聽人受傳媒一廂情願的影響，而熱切期望國片「喜宴」或「霸王別姬」能入選奧斯卡最佳外語片獎，結果卻大

失所望）。

4.由於「接觸」多，成了習慣而不能「自拔」（例如劇迷追看某連續劇，否則，總是心有所不安似的）。

5.刺激起新需求（例如青少年看到「新新人類」的飆車廣告，就吵著要買重機車）。

6.既然「不出門可知天下事」，受播者可愈加依賴傳播媒介，逃避現實世界（何況又有各類娛樂內容可供消遣），儘量自己孤立自己，脫離或不參加任何團體組織，名副其實的成了「無名氏」（my name is nobody）。

有人說，**臺灣地區報禁之前，不知道的事情真多；解禁之後，不需要知道的事情卻太多**，真是一語道盡閱聽人之離不開大眾傳播媒介，甘為媒介「人質」百態。不過，這也不是沒有原因的，就以看電視的原因來說吧，根據近代美國傳播學者麥桂爾（D. McQuail）的研究，看電視有下列功能：

1.調劑生活，逃避日常生活壓力和負擔，宣洩情緒（例如，可以「投入」節目，尋找快樂）。

2.增加伴侶和社交上的人際關係（如同家人朋友一起觀賞），增加談話資料，隔空和偶像「相遇」。

3.肯定自我存在的意義（如滿足個人好奇心、增加新知、了解別人想法、尋求解決困難之道、作為購物指南等──「我觀（看電視）故我在」）。

4.對環境的查察（如想了解地方、國家和世界情形）。

所以，凡事有利就可能有害，從上述推敲可以得知：大眾傳播媒介，基於前述特性，從反面去講，這些正面功能也有許多負面功

能（dyfunction），備受指責，譬如：

1.媒介類別及家數，難以勝數，各類媒介內容又令人「目不暇給」，又可能捨不得「割愛」，花費太多時間在媒介上的結果，一旦俯首甘為「媒介填鴨」，就無心情去作深思熟慮，也只好在正經事上打個馬虎眼，並且懶得去參加諸如里民大會、清潔環境之類公共事務。

2.媒介內容娛樂材料過多〔故美學者史蒂文生（W. Stephenson）在 1967 年，以「遊戲說」（Play Theory）來「戲說」傳播行為〕，使「樂不思蜀」的社會大眾，鬆弛了對環境的警覺性〔例如「電視兒童」（TV children）整天盯著電視，連明天大考也不管了，讓家長頭痛；而整天坐在沙發上沉迷看電視的「沙發薯片」（couch potato），也可能忽視了健康〕。

3.媒介對於社會問題看法膚淺，經常有如「黃綠醫生看病」般——把原因單純、單一化，並且暗示簡易的解決方法（如隨便找一、兩位「專家學者」即興式的說兩、三句話，就是給出答案了）。因而使得閱聽人忽略了問題的嚴重性與複雜性，不追尋原因，不謀解決之道，而只願消極地靜觀其變，或者只依靠媒介「代打」了事——心理上是：知道了某些事，就當做是已經做了這些事。由積極參與企圖心，變為消極的知悉態度，「等因待此」久矣，人就變得麻木不仁〔學術上稱上述現象，為媒介對社會的「麻醉功能」（narcotizing function of communication），就是麻醉了社會大眾，令他們消極、滿足、被動，甚麼事都懶得理會，而喪失大眾傳播守望和決策功能〕。

4.媒介為了爭取更多、更多的閱聽人，新聞、娛樂及廣告之類

訊息的處理，每多走人性低級趣味手法，不惜抱持煽（動）、色（情）、（血）腥主義（sensationalism）——報導失實、偏頗，虛假和不良廣告充斥，令閱聽人有如身墜「訊息地獄門」，不但守望功能無從談起，也因為訊息的被扭曲，而妨礙到決策功能。

5.媒體為一資金龐大企業，創業維艱，不易迅速增加家數。這些「組織化傳播者」（老闆或有權支配訊息的人）一旦成為「異形一族」，壟斷「消息市場」，載著有色眼鏡處理新聞資訊，歪曲事實，矇蔽環境真象，則守望與決策功能，也等於空口說白話。

6.在極權國家中，媒體受當局宰制，而只得為當政者講話；而在資本主義國度中，媒體則通常趨向考慮企業主（老闆、金主、大廣告客戶）的利益立場，「意見自由市場」的崇高理想，可望而不可及——意見遭到壟斷，假輿論、假民意充斥，「名牌」的「御用學者」假專家之名而為惡。其他「有話要說」的眾多社會分子，因無適當表達管道，意見被封殺，成為「沉默的多數」，或者靠邊站，依附「權勢意見」，則何來健全的決策？

7.大眾傳播若過分強調犯罪與暴力，會妨礙適應不良，或心理有問題的青少年身心健全發展，降低他們的道德意識，甚至引起模仿，以致危及生命或犯罪（例如，學吸血殭屍殺人），違背了教育的基本功能。

8.大眾傳播的娛樂內容和題材偏頗———一般都以品味、知識水準都低，需求趨向感性（如通俗諧劇）的最廣大閱聽人為訴求對象，促成通俗的「大眾文化」（mass culture），與社會的「流行（通俗）文化」（pop / popular culture），一唱一和（如以專刊報導流行牛仔褲新款式）成了「傳播藝術」（communication arts）之

根。但大眾文化通常帶有廣告性質——標準化、形象固定、保守、虛偽、粉飾，是經過刻意擺布的消費財；忽略少數社群的文化與藝術，卻又打擊高雅藝術、品味文化（taste culture）和高級文化，對欣賞能力較高的社會分子的服務，也顯然不足，致令娛樂功能走火入魔。尤有甚者，若一旦受廣告影響而勾起不當、不合身分的物欲需求，不問自己消費能力，舉國上下一味模仿、追求虛榮的「令人側目的消費行為」時（conspicuous consumption），就可能會引來社會問題（例如，青少年為買高級、昂貴的音響設備而去搶劫，或成為信用卡奴隸）。

9.媒體好作誇張及煽動性處理訊息的結果，會觸發不知情、但深受社會情緒影響的閱聽人的驚惶失措，甚至騷動〔在學術上稱為「集體恐怖心理」（mass hysteria）。例如，以為股市利多（好），大家爭著搶購股票；以為鴨肉會引起鼻咽癌，大家拒吃鴨子，鴨農走上街頭抗議，掀起一陣社會性「恐慌」（panics）〕。

總之，大眾傳播備受政黨、法律、政府命令、社會規範、專業理論、經濟手段、人情壓力、宗教、種族及檢查措施等各種正式、非正式壓力，真是十目所視（注意、關心），十手所指（指責、企圖影響），動輒得咎，對它的功能則在不同社會、情況及階段中，言人人殊，充滿複雜和矛盾性（既愛又恨）；所以，它的正、負面功能，是相互衝突的，論者通常難以定其功過——而實在是功過相抵，也不必悲觀——因為，媒介建構社會，社會也塑造媒介。「個人化的大眾傳播」的出現（personal-mass communication），提供受播者更親切的內容，加強與受播者的聯繫，就是個好例子（例如，廣播、電視的現場叩應節目或聽眾熱線）。網路新媒體之興

起，接觸大眾傳播媒介的閱聽眾，在萎縮的趨勢，大眾傳播角色定位和社會功能，亦會面臨各樣變數。

七、大眾傳播的效果 (*communication effects*)

　　大眾傳播是否收效，可以分為有無效果、直接或間接效果、有限效果、無限效果、一時（短期）效果及永遠（長期累積）效果等層次，去作具體的實證研究。1973 年時，傳播學者瑞伊（M. Ray），曾提出「傳播效果階層論」（hierarchy-of-effects），主張透過涉入感、傳播來源及選擇性區別是否明顯等三個因素，來檢視傳媒，在那些不同情況下，產生那一「效果階層」（即傳媒如何影響人的認知、態度及行為的改變）。大體言之，社會大眾如果準備性強（readiness）──有較充分的知識、關心、需求、接觸動機高，在有以待之的心理下，始對受播者有較易看得出來的態度、信念、價值及行為改變的效果。大眾傳播的效果，通常可分個人效果與社會效果兩方面來說。而所謂效果，指的是閱聽人「曝露」於大眾傳播媒介的內容之後，個人所產生的一些明顯改變，亦即個人或社會在情緒上、認知上或行為上的反應〔倘若是一項定有意圖的傳播（如廣告），則其完成傳播程序後，其所達到目的的程度，則是「傳播效率」（communication efficiency）問題（如消費者採取購物行動之類）。如果「受影響」之後，經過一段時間，才顯示出效果的，就叫「冬眠效果」（The sleeper effect）。美國傳播學者麥桂爾（D. McQuail）曾以一個座標，來說明媒體的效果類型：

有意促成

X 個人回應
（正功能）

X 新觀念與新事物
的推廣

X 媒體功能

短
程

X 知識的傳布

長
期

X 社會控制

X 集體反應
（正或負功能）

X 社會化

X 重大事件報導後果

X 現實的界定

X 個人反應
（正或負功能）

X 制度改變

X 文化變遷

無心之得

　　所以，我國傳播學者陳世敏教授，曾將大眾傳播媒介角色的
「新典範」及「舊（傳統）典範」，作過分類比較：

「舊」　典　範	「新」　典　範
直接效果、無限效果	間接效果、有限效果
由上而下	雙向傳播
政府為主體、閱聽人被動	閱聽人導向
傳播的目的在說服	激發討論
運用大媒介	小媒介、本土媒介、親身媒介

　　徐佳士教授也曾把影響傳播效果的因素，分為兩類項，即：

　　1.傳播外因素：包括個人預存立場、團體與團體規範、人的親身影響及個人性格。

　　2.與傳播本身相關的因素：傳播來源、傳播媒介以及意見氣氛。

　　也就是說，大眾傳播效果的成敗因素，決定性在於閱聽人本身、媒體本身和社會體系本身這三大「限制」。所以，傳播學者楊孝溁教授在研究大眾傳播與社會關係時，曾提出一個錯綜的整合效果模式，如下表所示。

大眾傳播的整合性效果模式

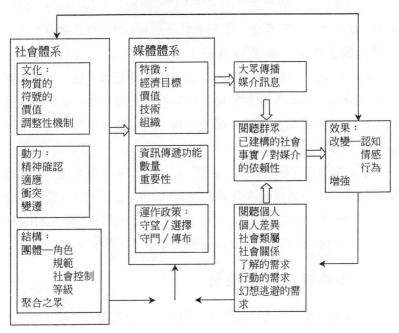

從上面模式可以得知，透過傳播整合（communication integration），藉傳播功能（communication function）以媒介來加強人、組織、社會之間的密切結合，應該是可行的。所以，大眾傳播學者無不注重（媒介）「意見自由市場」——因為有了這個市場之後，意見方得交流，社會才有線索可以整合。

八、大眾傳播的社會控制

(一) 消息來源的控制

1.傳播者為了宣傳的目的，因而施行諸如：(1)主動向媒介發布新聞；(2)向大眾直接傳播（不假手媒介）；(3)用招待及送禮方法，拉攏新聞工作者；(4)故作神秘，露點口風，令人誤認為洩密（leak）；(5)製作假事件（pseudo event），請記者入甕；(6)擬定新聞稿（press release）或評論稿，隨時供應使用（尤其是提供規模較小的傳播媒體所使用）〔學術上稱之為「罐裝新聞」（canned news）〕等等措施。

2.傳播者為了保密目的，因而：(1)以國家安全為理由，而要求媒體保密；(2)只給媒體作背景的簡報（briefing），或只提供參考資料（參訊，reference），而要求媒介不予報導（off the record）；(3)開祕密會議，使用保密文件斷絕外界接觸。

(二) 傳播機構的內部控制

媒體老闆及工作人員亦即「守門人」，基於個人因素（例如，

好惡、意識形態）、企業文化（如編輯政策）、政治立場（如黨派認同）以及生意服務等（如津貼、廣告），而在有意、無意之中，出現了內部控制現象〔學術上認為這是天下烏鴉一樣黑的社會化（成長）過程（socialization），故美國早期社會學家布立德（W. Breed），稱之為「編輯室社會控制」（social control in the news room）〕。

(三) 壟斷控制與廣告控制

媒體組成集團（如報系、報團）、傳播網（如廣播網）、跨媒介經營（crossmedia ownership）（如同時經營報紙、電視）、聯營（joint operation agreement）（如兩間報館共用一間印刷廠）、「量販經營」（conglomerate）（如兼營廣播電視網、出版社及唱片公司等）。至於廣告控制，則包括廣告主要求媒介發布有關他或他的企業（有利）新聞，本身廣告不受干涉（故多不實，不良廣告），媒介主則儘量不開罪廣告商，實行廣告節目化、廣告新聞化和特定設計把訊息隱藏在內的置入性行銷做法等等。

擔心的是，在壟斷控制之下，傳播媒介不但操縱在私人之手，而且會為企業主的業務作宣傳、謀利。如果媒體主屈服於廣告商的不合理要求，一切向錢看，則社會將受害無窮。

(四) 政府控制

根據美國早期傳播學者希柏特（F. S. Siebert）分析，政府與大眾傳播的關係有諸如：限制某種內容之傳播；訂定管理法律；甚至設立公營機構（如國營廣播電視網）直接參與大眾傳播業務。

政府控制大眾傳播，並不一定全都是壞事，例如，給予郵寄方便和優待、設立各種獎勵等（如臺灣地區舉辦過之廣電「金鐘獎」、出版品「金鼎獎」），都是協助大眾傳播媒介服務社會的適當做法。而且，各國在表面上，在控制大眾傳播時，都以法律為依歸，例如，著作權法、出版法、刑法、反壟斷法、公平交易法以及各類廣播、電影、電視及廣告等各種管理條例。然而，倘若政府控制，消極方面不合社會利益（例如，對色情暴力、報紙審判、侵犯隱私及恣意誹謗等束手無策）；或者濫用權力，則對人民知之權利，傳播權（the right to communicate）、意見表達自由（freedom of express）、新聞業自由（freedom of press）、資訊流通自由以及資訊接近使用權等（the right to access to the media）（例如，使用讀者投書），都會造成莫大傷害。所以，大多數傳播學者都主張兩害相存取其輕──對大眾傳播愈少管理愈好，寧願透過公約自律方式而自我節制。

此之所以有別於「媒體美國」（mediamerica）之另一支興起於 1960 年代，滋衍於七、八十年代，由歐洲北部英德等國傳播開來的「法蘭克福學派」（Frankfurt School），又稱「批判理論」（critical theory）的諸子，視媒介在建構社會的經濟、政治和意識形態之間，是彼此相關的；而且，媒介的地位重要，扮演著塑造社會知覺的關鍵角色。透過媒介運作，可以達到社會控制效果。因此，此一學派在討論大眾傳播時，認為主要問題出自於媒介所有權的結構上（如媒介由誰來控制？為誰的利益服務等等）。另外，則又極其關注統治階級透過媒介的運作，是如何達到控制媒介目的？方式如何？範圍又多深、多廣？而在技術上，傳播媒介又是如何取

代意見系統，以致產生「錯誤認知」（misrecognition）的效果？

(五) 公眾的控制

　　1.消極方面，包括：(1)拒買、拒看、拒聽的抵制，而在節目收視（聽）率或印刷刊物銷售量方面顯示其力量（如低收視率）；(2)被牽扯個人，投書、打電話及傳真發表意見，或要求公平對待（如小人物的傳播權）；以及(3)報業評議會之類組織所作出的專業和道德上譴責。

　　2.積極方面，則包括：(1)公眾主動投書「民意（公眾）論壇」之類，批評媒介；(2)在電臺、電視臺的熱線節目中，發表對媒介的意見；(3)刊登公益廣告抗議；(4)要求媒介公平對待某一撮人（如異見分子）；(5)自辦媒介予以還擊（如反越戰時美國之地下報業）。

(六) 自我控制／媒介批評

　　此即自我約束、自律，是最受學者讚揚的一種方式，包括：1.組成專業團體（如前述之新聞評議會），並發展一套專業倫理規範和執行程序，鼓勵同業遵守；2.發行批判性、學術性刊物，檢視、評核媒介〔例如著名的美國哥倫比亞大學新聞學院所刊行的《哥倫比亞新聞評論》（*Columbia Journalism Review*）〕。

　　大眾傳播擔負社會責任、自我約束，以致相對地受到一定程度的控制，似乎無法避免。但過猶不及，又該怎樣客觀地去描述媒介的「受控程度」呢？1966 年時，美國傳播學者羅文司坦教授（R. L. Lowenstein）訂立了一個初步的「新聞自主性及評鑑技巧」（Press Independence and Critical Ability, PICA），訂立了諸如政府

對法律之控制、超法律之控制與發布新聞循私偏袒之情形等二十三項評鑑標準。當然，愈符合這些標準的，則大眾傳播所受的控制度也就愈高。總之，大眾傳播毋違民主社會的政治與社會基本價值取向，自由、獨立、維護秩序與穩定，多元開放，人人皆可「享用」媒介以及高的新聞品質、文化品質等等，都是「優生」大眾傳播的先天和後天條件（然而，倘若在極權或威權社會中，媒介因為擔心政府會秋後算帳，因而自我約束，不敢批評政府，放棄傳媒責任，甚至為黨喉舌，則人在屋簷下那得不低頭之情，難以苛責）。

九、大眾傳播的社會責任

被視為立法、司法、行政之外「第四權」（The fourth branch）的大眾傳播，是一種良心事業、人際事業，更是「是非事業」——自始至終，都被一大堆爭論性問題糾纏不休。例如：新聞自由對上國家安全；消息來源的保密守則；隱私權的界限；記者可不可以兼差（例如，擔任某機關的公關人員）；可不可以接受招待（例如出國訪問，收受鉅額禮券）；可不可以提供警方線索；或者鼓吹、倡導，成為新聞「主角」之一？出錢買消息（買線索）是否可以原諒？〔學術上稱為「支票新聞」（checkbook journalism）〕；化裝（匿名）採訪算不算欺騙，善意批評同攻擊性報導（attack journalism）之分野等等，都是公說公有理，婆說婆有理的。

不過，大眾傳播應該在社會公益（public interest）前提下擔負其對社會提供諸如快速供應確實消息，反映社會實況，成為意見交

換場所，闡明社會目標及價值標準等正面功能的社會責任（一如前述）——從業人員自我期許，不造謠生事；媒體自律，不譁眾取寵；政府則對大眾傳播儘量「縮手」，不濫用權力，讓業界有廣闊的自我協調空間；閱聽人則在這種情境、組織之下，發揮督促力量，協助大眾傳播履行其責任。唯有這樣，社會大眾才能從大眾傳播中，得到真實的、客觀的、平衡的、公平的、可靠的以及事實與意見分離的資訊（新聞），而營其幸福美滿之生活，回復可信託新聞報導（trust journalism）態勢。

十、大眾傳播與社會變遷

　　不管是大眾媒介打先鋒，抑或是社會的變動作牽引，大眾傳播與社會變遷是息息相關的。如早期學者冷納（D. Lerner），在1958 年時，就已認為傳播媒介是一種「觸媒」，一旦滲入社會，會令個人具有較高的遷移、換工作之類的流動能力（mobility），誘發有志一同的同理心（empathy）和較頻繁的參與活動（participation），成為其他改革的「擴大器」，加快歷史腳步。一旦媒介被充分使用，可以創造社會、經濟發展的「氣候」（是為傳播理論之「氣候說」），社會、經濟的發展會加速前進。

　　不過他綜觀第三世界十五年之後，在 1973 年他卻感慨地指出，大眾媒介在大多數貧窮落後國家的發展。只是令得民眾對「成就動機」（achievement motivation）有日漸「升高的期望」，但此一期望卻轉為日漸「升高的挫折」，再來就是退縮或充斥不滿攻擊性，不但無補於成長，反而有礙於發展。所以，在低度開發國家

中，軍人不但乘亂奪政，而且一旦掌政之後，就怪罪到大眾傳播，令民眾欲壑難填。

　　同期另一位學者韓廷頓（S. P. Huntington）亦持同樣看法，但認為經濟發展結果，大眾傳播媒介必然日益普及，知識的啟迪令社會產生較高的期望，期望不能滿足，個人或團體就會訴諸政治活動，倘若此時之政治制度不穩，則暴亂即起。

　　有學者從西方經濟學觀點以及「技術決定論」，將社會變遷粗分為前工業化、工業化和後工業化三個階段（「三階段說」）。前一階段發展了大眾傳播系統，工業化則令得媒介日趨壯大，形成「傳播革命」、「資訊革命」，更加促進了工業發展，而邁入學者貝爾（D. Bell）所謂的後工業化資訊社會時期（the information society），資訊成為最重要的工業產品。根據美國學者梅瑟爾（R. Maisel）在 1973 年的研究，此時期的大眾傳播系統發展速度放緩，較特殊的專門媒介（如有線電視漸次勃興。未來學家杜佛勒（A. Toffler）在 1981 年寫他的《第三波》（*The Third Wave*）時，稱這類型的媒介為「小眾媒介」（the de-massified media），1985年日本「博生堂」廣告公司，則以《分眾（segmented audience）的誕生》一書，稱這種社會為「分眾社會」（the de-massified society）。

　　總之，具有擴散（diffusion）能力的大眾傳播，可以成為變遷的「招魂者」，令新技術的發明得以散布，引進新生活方式、新思想，整合新社會價值，從而促使社會變遷、現代化，是無可異議的。

十一、大眾傳播與國家發展

　　二次大戰之後，歐美國家百廢待興，亞、非及拉丁美洲若干國家，得以脫離帝國殖民地而獨立，亟望能在短期間內，脫穎而出，推展現代化而冀望在國際社會中成為「堂堂一國」──因此，經濟發展便成當務之急，而西方既有成功經驗，諸國便迷惑於經濟決定論（Economic Determinism）與科技決定論（Technology Determinism），急急取經走資本主義路線。但發展經濟得有社會各方面條件配合，時值大眾傳播「開步跑」之際，大眾傳播媒介便被視為能促進國家發展、進步、現代化的工具（尤其是電子媒介）。正如初期篤信媒介有直接和極大效果的宣偉伯在 1964 年時的解釋：媒介的報導和回饋功能，可以喚起國家意識，國家計畫的公布和討論，可以使民眾參與決策過程，又可提供促進國家發展的工業和國際貿易資訊，培養人民國際觀，並教導必須的生活技能，協助人民準備擔當新角色──角色豈不吃重？（有學者認為，這是「傳播媒介決定論」）

　　十餘年之後，媒介研究者發現，其所倚重的大眾傳播媒介這帖方子，似乎並不靈光，即使小有成就，也要付出慘痛代價，而使發展理論困在死胡同內，尋思問題之所在──是媒介力有未逮，抑或另有原因？

　　資訊自由流通，新聞報導追求客觀真實原是「聯合國教育、科學、文化組織」（教科文組織，UNESCO）所確立的原則，但一直受到第三世界及開發中國家抱怨，指恐大國通訊社壟斷資訊市場，新聞只是單向流通，報導上有所偏向。至六十年代中期，國際間貧

富差距繼續擴大，大眾傳播媒介在社會變遷上，還產生些意想不到的負作用（一如前述），科技西化結果，不僅成果有效，也未能由上而下滲透全國，為全民所共享。第三世界的抱怨，加上鐵般事實，遂引發某些學者，轉而向馬克斯主義所睥視的帝國主義理論尋求答案。這些學者以為，第三世界之所以「虛不受補」，完全是外力壞事──因為它們走追求經濟成長的資本主義，而資本主義的罪惡本質，即在於追求市場，故無可避免地引了「帝國主義之狼」入室，致令帝國主義滲透第三世界，在政治和經濟上予取予求。

　　如大眾傳播學者許勒（H. I. Schiller）即不停地指出，落後國家的經濟，全由大國所掌控，其生產資源分配，則由工業先進國家把持，在「全球市場經濟」（global market economy）內，任由大國擺布。經濟大國是「核心國」（Centercore），是「宰制」（domination）的主母（metroplitan），政經上受核心國牽制、剝削，而產生諸如經濟依附（economic dependency）、文化依附（cultural dependency）的落後國家，則是「外圍國」（periphery）〔或稱為「衛星國」（satellite）〕。外圍國既寄人籬下，仰龍頭鼻息，資本不斷流向主母，國內貧富不均，大多數人缺乏購買力，無法打開國內市場需求，工業停留在「進口替代」階段，產品無裨國計民生，本身精英分子的利益，又與帝國主義者同一鼻孔出氣，又如何談國家發展？〔此即「依附理論」（dependency theory）之所指〕。因其解釋低度開發國家窘態，近似馬克斯持論，故又被稱為「新馬克斯主義」（「舊馬」較強調生產、傾銷關係，而「新馬」則注重交換、流通關係）。

　　為帝國主義「作倀」的是多國公司，傳播學者更為關注的則是

跨國性新聞媒體。他們認為全球的大眾傳播媒體，如美聯社
（AP）、合眾國際社（UPI）、路透社（the Reuter）及法新社
（AFP）等國際性通訊社，都集中在美、英及法國等少數工業國家
手裡，藉「資訊自由流通」之名（free flow of information），大量
強勢推銷西方文化、資訊、科技產品及消費價值型態，使之臣服在
「媒體專業」（media professionalism）威力之下，產生文化依
附，淹沒本土文化，以保持其在全球上的政經及文化優勢，這就是
「文化帝國主義」（cultural imperialism）了（也可稱為「傳播帝
國主義」或「媒介帝國主義」）。

　　傳播帝國主義之「可惡」更在於：1.占用國際資訊傳遞通道
（以用於生產和傳輸商業資料）；2.以廣告、行銷及公共關係擴展
業務，進而干涉或併吞當地公司，操縱財務。於是，第三世界大聲
疾呼地要重新建立「國際經濟新秩序」（New Internation Economic
Order, NIEO）。

　　1970 年時，聯合國教科文組織終於感到低度發展國家，對於
日益擴大的資溝，以及它們的形象大半源自異國文化價值、意識形
態所塑造而感到驚惶；而發展中國家，則又已開始要求更公平地開
發及參與世界的新聞流通，認為這是追求「國際經濟新秩序」的一
部分。於是，問題又由原本旨在反經濟壟斷的「國際經濟新秩
序」，而轉移焦點至爭取資訊流通的「世界資訊新秩序」（New
World Information Order, NWIO）的論題上。

　　1977 年聯合國教科文組織成立「研究傳播問題國際委員
會」，由愛爾蘭籍諾貝爾和平獎得主馬克布萊德（S. MacBride）
擔任主席（故又名「馬克布萊德委員會」）。1980 年提出研究報

告，書名《許多聲音，一個世界》（*Many Voices, One World*），將現代化發展理論和帝國主義兩種觀點包容並蓄，期望對解決「一個世界」的發展問題有所獻言（但仍是言人人殊）。

不論是「世界資訊新秩序」的鼓吹者，抑或是「依附理論」的贊同者，幾乎都視帝國主義為萬惡之源──它傷害了第三世界發展，一切貿易制裁、外援，跨國公司哄抬外銷價格把戲，由此而來，以致這些國家連在投資方向，也不得不考慮強權國家利益（例如，必得向美國買某項產品，而美其名為「政策性採購」），是不折不扣的「新殖民主義」（neo-colonialism）。

不過，這種說法其實過分強調經濟決定論，忽視弱國本身也有軍事行動、財經政策及文化自主性（cultural automony）──弱者也會凝聚內部力量，抵禦外侮。而且走社會主義路線，也不一定能解決問題。學者沙連納斯（R. Salinas）與波頓（L. Palden）曾以「依附發展」（dependent development）來解釋依附關係，頗有見地。

他們認為，享有專賣權的資本主義跨國性企業集團，其實亦相對地把機會提供給外圍地區，透過「創新傳播」（diffusion of innovations）的技術轉移（technical transfer/know how），「附庸國」也可以工業化。所以，依附關係與本身的資本發展，兩者是一起前進的。

不過在母國文化範疇影響下，地區資產階級與中產階級便多起來，但基層社會卻益形「墊底」（marginalization），難以翻身。為了爭取市場上高利潤，「附庸國」文化工業（cultural industry），更加刻意逢迎主母的制約（conditioning），形成文化

同質化（cultural homogenization）。

　　總之，現代化和帝國主義兩個論調，在解釋大眾傳播與國家發展時，各有其持論，也各有其不足之處。前者一味追求成長，而成長卻姍姍來遲；後者則一味諉過他人，本身卻提不出辦法，對症下藥。也許，大眾媒介在協助國家發展過程中使不上力，因為它只是中性的工具，也許問題就出自於媒介本身的軟體──尤其是內容方面。故還是人的問題，尤其是誰在操控媒介的問題，而非大眾傳播能不能促進國家發展的問題。另外，如果人類聰明些，舉世推行「媒介國際主義」或「傳播國際主義」，從「資訊世界大同」、好的方面去想，資訊和傳播科技成就，由全人類所共享，則在全球化（globalization）聲浪之下，地球村「傳媒樂園」當有實現之日。

十二、大眾傳播的恆久話題

　　大眾傳播恆常爭論、而沒有結果的話題，還真不算少。例如：
△大眾傳播媒介、權力及資訊「宰制」在少數或優勢階級手中 vs. 資訊來源及內容都是「多元」的，可以自由選取（也就是新聞界與其他社會組織間關係問題）。
△大眾傳播具有「向心趨勢」（centrifugal），可以促進社會整合 vs.大眾傳播具有「離心傾向」（centripetal tendences），製造社會疏離、價值解體及社會脫序。　（新聞界所提供的新聞內容，如何受社會主流價值觀所支配？）
△媒介首先變遷（first mover）vs.社會首先變遷。
△傳播媒介與政府不應對立 vs.傳播媒介該與政府對立。

△人民有知之權利 vs.人民沒有知之權利。〔為何社會地位高的
人，更具正面新聞價值，小人物卻多的是負面新聞，或「有話無
路訴」？為何積習已久的社會問題，經常明顯地被人忽視？記者
經常選擇性地公開某些消息來源所提供的「不必刊登」資訊
（off-the-record information），卻一再保留其他人所提供的消
息？為何專線記者，最後會與訊源成為合作夥伴？〕

△公眾對傳播媒介有使用權 vs.公眾對傳播媒介沒有使用權。

△媒介多元論正在萎縮 vs.媒介多元論並未萎縮。

△媒介是強而有力的工具 vs.媒介不是那麼強而有力的工具。

△傳播媒介內容之品質，一般說來都很差，而且愈來愈差 vs.傳播
媒介內容之品質，一般說來都很好，而且愈來愈好。

△新聞之客觀性原則是不可能的 vs.新聞之客觀性原則是可能的。
（為何新聞報導常會扭曲了複雜的新聞事件，聲言客觀報導，卻
反而助長了歪曲新聞報導？）

△市場力量決定甚麼是新聞 vs.編輯判斷決定甚麼是新聞。〔這涉
及「新聞管理」（news management）問題〕。

△新聞事業是一項專業 vs.新聞事業不是一項專業。

△新聞評議會和倫理規範，是促進媒介進步之有用的批評工具 vs.
新聞評議會和倫理規範，是危險的宰制機器。

△指控美國是媒介帝國主義者是冤枉的 vs.指控美國是媒介帝國主
義者並不冤枉。

十三、大眾傳播與小眾傳播的分別

　　「小眾媒介」相對於「大眾媒介」而生，有稱為「另類媒介」（alternative media），其所指涉的，往往不是「媒介」的本身，而是媒介產品自身的特殊性質。是運用傳統大眾媒介之硬體，創造出「另一種聲音」的軟體，有類傳播學中的人際傳播和語藝傳播。一般而言，其與大眾媒介之分別如下：

大眾　　　　　vs.　小眾（special interest group）

電視節目　　　/　錄影帶節目⇒銷售量少？（多與少的劃分會有仁智之見）

連續劇　　　　/　公視

《聯合報》　　/　《聯合晚報》

臺視、華視　　/　綠色小組⇒反主流（工具化、泛政治傾向）

《天下》　　　/　《新新聞》

《中國時報》　/　《財星日報》（財經）⇒特定閱聽人

《電視周刊》　/　《福報周刊》（佛教）⇒依年齡、嗜好、職業

　　　　　　　　　……形成小眾

一般錄音帶　　/　社會大學錄音帶

第三篇
認識媒介

彭家發

　　媒介，是我們藉以接觸、取得和傳遞資訊的「中介物」，故又稱「傳媒」。它也是從英文"medium"一字繙譯過來，因為通常泛指報紙、雜誌、電影和電視之類工具，是一個集合名詞，故英文經常用複數"media"一字（目前也有些美國人用"medias"一字）。又因為從大眾傳播角度來說，它又特別意指在傳播通道上，透過傳播組織（如報社），利用機器工具來複製和傳輸訊息（如報紙），故通常特稱為大眾傳播媒介（mass media）或傳播媒介；其傳播組織稱之為「媒體」，但在使用上，媒介與媒體兩者幾無分別。

一、麥克魯漢對媒介的看法

　　要認識媒介，加拿大研究傳播學的科技決定論者（technological determinist）麥克魯漢（M. Mchuhan，或譯麥魯恆）對媒介的特殊看法，便不能不談。

　　麥克魯漢同他所私淑的加拿大老師殷尼斯（H. A. Innis）持相同的看法，把傳播媒介看成是一種文明的要素，歷史的軌跡是由某一時代的主要媒介的發展來顯示、來決定。殷尼斯相信傳播媒介是人類思想的延長。每一歷史時期的衍展，皆是由於主宰性媒介的出現，而走向另一方向，而與往日的傳統文明相脫節。例如，羊皮紙和泥版同屬媒介，但都新陳代謝，各有一種時間上的變換周期。所以，書寫的媒介，會締造各式各樣的文化。他認為西方文化，就是「一部由『有偏見的傳播』（the bias communication，特指印刷媒介的獨大）和印刷媒介控制了知識領域，所構成的一部歷史。」他認為這是不應該，也是不幸的發展。

　　殷尼斯認為印刷機未發明前，部落民族是屬於「聽覺取向」的傳播者，他們彼此繫之以情，相信「聽到的就是可信的」。但自十五世紀以來，印刷媒介的迅速發展，把口頭傳播的傳統給「謀殺」了，致令大部分人的傳播活動轉變成不公開，因而產生相對性的價值觀，權力中心也由神職人員（教會），轉移到知曉天下事、通曉新事物的人手上（國家），促使了民族和國家主義的高漲。

　　麥克魯漢的興趣，在於探討媒介怎樣影響一個人對世界的看法，以及其思考的方式。所以，美國一位傳播學者卡瑞（J. W. Carey）在 1967 年介紹麥克魯漢的「理論」時，認為他對傳播媒介的一個綜合看法是：「媒介是社會的一個巨大縮影（a vast social metaphor），不但傳遞資訊，也同時告訴我們有那一種社會存在；不但刺激我們的感官，使它舒適，還藉著我們各種感官使用上比例的消長，來實際改變我們的性格。」麥克魯漢是從媒介對人類「心理」的影響，而推論科技的「社會」效果──媒介既然可以使人類的（器）「官」感、能力（sensibilities）改變，當然會改變人類對世界的看法。因此，媒介可以決定社會（組織）的演變，甚至引起歷史文明的變化。

　　麥克魯漢既然認為傳播科技（形式）的重大改變，是促成社會改變的決定性力量。所以，他把討論的重心，放在傳播科技性質的研究上，而非媒介的內容。或許有感於前述德人谷騰堡（J. Gutenberg, 1400-1468），在歐洲首先創造活字，排版印刷四十二行《聖經》，令印刷媒介在傳播活動中，扮演著重要角色，成為「谷騰堡時代」（Gutenberg Age）之故（見本書前篇），麥克魯漢在 1962 年所出版的重要著述，就以此為書名：《谷騰堡星雲：

排版師傅的出現》（*The Gutenberg Galaxy: The making of Typographic Man*）。在書中，他直率地指出，印刷活字的發明，形成了 1500－1900 年長達四百年的西歐文化。之所以如此，是因為印刷機的出現，大量生產印刷品，這比用手書寫的「傳播物」，散播得更廣和更一致；而且其時，正是視覺器官控馭一切的年代，用印刷媒介來進行傳播，能把一種他名之為「特殊的推理方式」，強加到「人的視覺經驗之上」，而將一種新的「感官平衡」（sense rations）帶到人間，因而改造了西方人的感官能力。他認為這種強使人們感官在閱讀時，總是作線性的（linear）、邏輯的（logical）、分類的（categorial）和一步一步地（sequentially）去尋求對世界的認知，就是西方文化的發展主線。他甚至認為，英文字母的使用，「就是旨在培養、鼓勵，只就視覺和空間的那一角度，去認識事事物物。」

他竟因此而大大攻擊印刷媒介，認為印刷媒介把「實體」打碎成不連續的小單位，靠人為的推理來「接駁」，並且從中觀看其因果關係，持續地、一行一行地、以線性形式來理解；在完整性、多感覺性和混亂性局面中，抽取其要點。印刷媒介只強調從視覺看到資訊，於是眼睛凌架了一切感官，卻忽略了任何感官都必須依靠的、透過人際傳播方能取得的資訊。這種注重視覺，而輕疏資訊的結果，往往做成人與環境間關係的失調。而且，讀之與寫這兩項行為，又使得大部分的傳播活動，變成了個人的行為，其所處理的，又盡是抽象的經驗，於是理性壓抑了感性，把原來大部落式的生活型態粉碎（detribalize），把人從親密團結的口傳文化中抽離，只陶醉在與（生活）實際遠離的個人主義中，而不能與真實世界密切

地交往。另外，印刷媒介發展的結果，又把口語變成標準化語言，標準化後，不但促進了民族主義抬頭，並且又使遠距離間的傳播成為可能，因此，城市取代了鄉野，國家取代了小城邦。（這例像極了咱們中國的倉頡造字老故事。據說倉頡造字之後，連日鬼哭神號，因為，天下從此多事了。但這一定是「壞事」嗎？）

1964 年，亦即兩年之後，他更意猶未盡地出版了一本驚動傳播學界的書──《了解媒介：人的延伸》（*Understanding Media: The Extension of Man*）。在本書中，他在解釋甚麼是媒介時，立刻開宗明義地力言：「媒介就是訊息」（The medium is the message）。他一反過去一般人認為「傳媒只是工具，本身並無所謂好壞之別，端視乎人們怎樣用它」的說法，認為傳播科技本身，即是支配人類歷史文明的主要因素，而非傳媒的訊息內容。

麥克魯漢雖然認為印刷媒介引起人類冷漠，對社會失去參與興趣，但電話、電報、收音機、電影、電視和電腦等電子傳播科技，卻重新塑造二十世紀文明。他認為在印刷時代，人在一個時間內，只看一樣東西，就像只看一行活字似的循序而進，但二十世紀當代的人，則在同一時間內，就得接受許許多多的傳播，而且，還不止用上一種感官。例如，當代一般人的看報和從前讀書的方法，便不一樣了。從前讀書是一篇接一篇地看下去，而現在我們看報，卻鮮有細心看完一篇報導之後，又再仔細看另一篇的，而是──一般說來，我們只用眼睛瀏覽版面一下，而後將分割的、不連貫的大小標題、闢欄、導言和各個規格的圖片，一起攝入眼簾。所以，麥克魯漢說，我們不是在「看」報，而是每日早晨「跳入」報紙中──就好像洗熱水澡一樣。（跳入「字海」中，洗「報紙澡」？）

電子媒介的出現，令人類「感官知覺使用率」（sensory ratio）重新分配。例如，一本書只刺激人的視覺，但是電影或電視，則同時刺激人的視覺、聽覺及中樞神經等多種器官。新電子媒介有如排山倒海地把人類緊緊包圍著，令我們（感官）極度參與。而這種多感官性參與，使原始人所重視的「觸角」再度抬頭（麥克魯漢認為觸角是各種感官的集合，是最原始的感官能力）。故就政治形態而言，新的電子媒介，尤其是通訊衛星的出現，消除了時空上距離，而把整個已經分散的世界，重新變成一個「地球村」（a global village）：世界上任何一個角落，都有彼此（隔空）直接接觸機會（觸角），使人類生活得以再聚合起來，「重回部落化」（retribalization）──所以，「任何一個電視、報紙和雜誌的路邊攤位，都和紐約、巴黎一樣，都屬於世界性的」（真是天涯若比鄰）。

「部落化」的說法，其實源自麥克魯漢個人對歷史分期的看法。他把西方歷史分為四個時期：

1.有文字之前的部落式口頭傳播時期。此時人類生活在一個「聲音空間」之中，易動感情，群策群力。

2.古希臘荷馬時期開始之後的兩千年，文字出現，訊息變成用視覺來理解的符號，但聽覺世界卻因感官使用失去平衡，而呈「衰逝」狀態。

3.印刷時期，即前述之 1500－1900 年之間，是文字稱霸的時代，把人類「部落」分化無遺。

4.電子新媒介時期，即 1900 年以後迄今年代，由於這類新媒介出現，促使人類部落重新聚合，由於它深具的參與性特點（無時

無刻不在，如影如隨），人類又再度重新感到視覺和聽覺的存在。

　　睽之於這種媒介衍展的歷史觀，難怪他會大膽的叫出：「媒介（本身）就是訊息」（媒介＝訊息）。他這個看法，有好幾重特殊意義，值得去理解：

　　1.媒介（如電視）是一種科技，是一種形式（電視是訴諸視覺、聽覺的表達形式），所以它本身便可當作一種訊息（例如，看到電視機，便知道它是甚麼，代表了甚麼）；而媒介的內容，則是科技的「使用」（例如，電腦動畫，合成照片，模擬真實畫面）。形式重要，內容「不那麼」重要。而每個「媒介的內容」，並非與媒介一體──而是另一個媒介；也就是說，媒介本身固然是媒介，媒介內容則是另一個媒介。例如，電影本身當然是媒介，電影的「內容」：如小說、戲劇及歌舞等──則又是另外的媒介。而電影這個媒介，會改變人類的感官能力，一如前述，它把我們從連貫的和相聯的世界裡「拔」了出來（一如「招魂」一樣），而令我們進入一個有原則性的畫面結構世界中──亦即把線性的連接，變成非線性的圖形畫面排列。所以，電影（媒介）本身便是一項「訊息」，它自身就具備影響力，而至於裝些甚麼樣內容（另一種媒介），則無關緊要。不但電影如此，其他各類媒介何獨不然？所以，媒介本身（形式），早就決定了傳播內容的極限和可能性。

　　2.每種媒介本身都各有其對象（人），而這些「媒介迷」對媒介本身的擁護，大於他們對媒介內容（另一種媒介）的愛好（例如，喜歡電視這種有聲光和活動畫面──這種媒介的人，電視媒介本身便成了他們要看電視的理由，管它是甚麼樣的節目內容，總想全天百看不厭）。

　　3.每一種媒介背後，似乎都會有一具隱藏的、具有「過濾功能」的「品味機制」（taste mechanism），使媒介「擁抱」某種風格和經驗，而揚棄其他的。所以，在引起某種經驗上，一種媒介可能會比另一種媒介更具傳播效果。例如，想在家中得知職棒大賽過程，當然是看電視比聽廣播來得精彩多了。

　　所以，麥克魯漢認為，媒介本身塑造和控制著人類關係以及行動的規模和形式。至於媒介的「內容」（亦即媒介如何被使用的問題），則並不一致，更無力塑造人類關係的形式；尤有甚者，媒介「內容」，反而會矇蔽我們對媒介特性的了解。故此，他力言「形式」（硬體）重要，「內容」（軟體）「不那麼」重要；說「媒介便是訊息」，而非「媒介內容是訊息」。

　　為了進一步解說「品味機制」的性質和功能，他憑想像力（而非語文高抽象層次的抽象力），想出了「熱」和「涼」這兩個有溫度感受的概括性形容詞，來分析一項傳播媒介的特徵，它所傳播的經驗性質，以及它與「人類注意力焦點」的互動關係。他對涼、熱這兩類媒介的解釋非常之妙，但標準卻難以捉摸和歸納，令人費解：

　　1.**熱媒介**（hot media）：提供大量資訊，具有個別如清高電視 HDTV 之 1125 條掃描線般清晰的「高解釋度」（High Definition, HD），想像力弱，人們「參與」其中的程度很淺，寓有高度語文豐沛性，令人感到枯燥，好像是一種不能維持感官使用率平衡的媒介，會令人迷迷糊糊地像夢遊（somnambulism）似的。

　　2.**涼媒介**（cool media）：正好與熱媒介相反，所提供的資訊

量少（而且粗枝大葉），是「低解釋度」（Low Definition）的，對事物欠缺明確指稱，想像力高，人們的「參與」程度很深，好像是一種感官使用率均衡的媒介。

麥克魯漢的熱媒與涼媒的舉例是這樣的：

涼媒	電話	電視	漫畫	座談	足球	艾森豪	甘迺迪
熱媒	報紙、印刷品	無線電廣播、電影	圖片、繪畫	演講	棒球	希特勒	尼克森

讀麥克魯漢所說的熱媒和涼媒論調，還得有以下認識：

1.他繼承了早期美國科學家愛默生（R. W. Emerson）思想，認為世界上所有的工具和機器，只不過是四肢和感官的延伸，所以，所有媒介也都是人的器官延伸，例如：

電視／眼、耳的延伸（千里眼、順風耳），人在家中，眼睛卻「跑」到健美女郎在曬日光浴的邁亞美海灘吃「冰淇淋」；耳朵則「跑」到文化中心聽音樂。

電話／耳朵、聲音的延伸（千里傳音）。

鐵鏟／手的延伸（開山劈石）。

輪子／腳的延伸（行遍天下）。

2.在麥克魯漢只是想借用熱媒來鼓吹涼媒的好處，在他心目中，他所謂之對媒介參與及涉入（involve），其實並未就人對某一特別媒介之興趣高低，或消磨時間之長短而立論。他只是在談媒介對人的刺激，是「完整」（熱）或「不完整」（涼）而已。所以，

他說「媒介就是按摩」（the medium is the massage）——例如，電子新媒介「按摩」人類多種感官。

由是而言，報紙是熱媒的最好例子，電視是涼媒的最好例子。再以電影和電視這兩種新電子媒介來說吧，在麥克魯漢心目中，電影是熱媒，因為影像在銀幕上的形象是完整的，觀賞電影的人，根本用不著在認知方面去填補任何東西；所以，它是具有高度語文豐沛性、高度資訊性的媒介。電視就不同了，它是由螢（熒）光幕一顆顆小點所構成，實際上只是一個（粒點）素描而已——因此，觀眾必須在顆粒之間，進行認知性的填補。

麥克魯漢還認為經驗和人事與媒介，也有「熱」和「涼」的關係。熱媒適合參與性強烈的個人，所以熱人物（如尼克森）、熱事物（如水門案），宜用熱媒介傳播（如報紙）。涼媒適合那些比較漫不經心，比較涼的人，所以涼人物（如甘迺迪）、涼事物（如座談），宜用涼媒傳播（如電視）。例如，無線電（熱）媒介（如廣播）所需要的，是一個具有特別聲音的人，令人一聽就會知道是誰；但電視（涼媒）則適合一個較神秘、矓矇（「低解釋度」），舉止平常的人（如艾森豪）——這說明為甚麼溫和的人，在電視上會比較成功；而像五○年代，說美國國防部潛伏大批共黨分子，而名噪一時的參議員麥卡錫（熱人物），就與電視（涼媒）互相排斥。德魔希特勒是熱人物，所以在報紙（熱媒）上出盡風頭，如果那時電視普遍，則他的政權可能很快便會瓦解了。

麥克魯漢認為了解熱媒和涼媒之間的分別是很重要的，因為，這關係到媒介對社會所造成的不同性質衝擊——因為當一種感官「熱」了起來，便會激發起（受人指使的）催眠作用

（hypnosis）；而所有感官一旦轉涼，又會令人恍恍惚惚的產生幻覺（hallucination）（看事情像霧又像花）。而當一種控馭性媒介「入侵」另一種媒介範圍時，必然會給社會帶來沉重壓力。例如，新電子媒介的無線電廣播是熱媒，如果引介到部落性、缺乏文藝性、又一向慣於接受涼媒（如座談）的文化社會中，勢將帶來強烈反應。同樣，電視（涼媒）的出現，除了給自身帶來種種問題外，亦正在改變社會的基本結構，使「熱」的社會，也需要重新學習，俾能適應因它的「介入」而引起的變局。之所以會如此，麥克魯漢在不同階段中，有過不同的解釋，都似乎「言之成理」：

　　1.早期，他認為社會中的媒介形式，會對部分社會成員的認知模式產生影響。

　　2.之後，他強調這是媒介和個體的認知類型發生共鳴、或加以反應所造成的現象。

　　3.後來，他則認為，各種思潮同時大量地「湧向」媒介和個體（人），媒介對個人的思想模式，並未發生創建性作用，只是將已存在的思想，從內心深處勾提到表面來。而問題則來自於個人對媒介所描述的人與環境關係，並不熟稔所致。而當個人的認知類型和媒介的描述一旦各異，而彼此又未能和諧合一時，則社會會因此而面對壓力。

　　麥克魯漢擔心電子新媒介提供了「延伸」的可能，也同時提供了延伸的威脅。因為，電子新媒介固然延伸了人與環境的接觸，然而，在媒介開發和控制的同時，也延伸（長、緩）了社會與人的接觸。所以，自命為「感官自治論者」（organic autonomist）的麥克魯漢深信，每個人對媒介的認識愈多愈好，以避免人與社會的疏

離，只有在我們了解了技術改造我們環境的過程之後，才能超越技術的決定力。

麥克魯漢似乎有著相當程度的「返祖情結」，時時在懷念「世質民純，斯文未作」之口傳文化時代，卻「敵視」文事生焉的印刷媒介，認為印刷媒介只注意一個「視覺」感官（事實上，現時印刷觸角已可加上如香味之類的嗅覺和良好觸感），故應摒棄只求閱讀印刷品那樣褊狹的做法，而應多訓練五個「滾筒」（五官），進而使人類的「總感官中樞」（total sensorium）「發育健全」，熟悉各種媒介，才算受過「完整教育」。

麥克魯漢對媒介的研究和持論方法，是集合藝術、歷史和文學三者的併合，而以一種個人獨特、想像性標準做為分析架構。所以傳播學教授李金銓評他只以傳播科技一項原因，來解釋社會演變和人類歷史路線發展，而忽略了交通、新能源、教育、中產階級興起、民主成長、社會分工以及社會思想變遷等因素，而將傳播內容看得無足輕重，解釋力十分薄弱，而且與各種研究證論相違背。他認為麥克魯漢以為電子新媒介會把人類部落重新聚合，成為一個「世界村」只是一種理想，而不是社會現實。麥氏認為媒介本身有著支配性的力量，如何使用則是次要。李金銓則認為媒介的「使用」與社會控制很有關連，傳播科技不是全然獨立自足的系統，是社會威權的選擇和控制。例如，資本主義社會，由財團控制著傳播科技的主權；而在社會主義社會裡，則由黨政官僚集團所把持。麥氏的說法，反倒令人看不出整個社會、政治和經濟的變遷傾向（intention）。

在 1977 年提出「大媒介」（big media）（指諸如電視、電

影、電腦之類複雜而貴重的媒介），和「小媒介」（little media）
（指諸如木偶劇、幻燈片、收音機之類，較簡單而便宜的媒介）的
宣偉怕，則指出「媒介是媒介」（media is media），「訊息是訊
息」（message is message），「媒介未必是訊息」。媒介與媒介之
間的影響差異小，訊息與訊息之間的影響差異大。媒介和訊息兩者
互相影響，而不是互相排斥（不過，宣偉伯講的「訊息」，是指媒
介內容短期效果的消息內涵；麥氏所指的「訊息」，是科技形式，
著眼於歷史性的長久影響）。

值得一提的是，與麥克魯漢剛好相反，對歐洲符號學
（semiotic）的研究者來說，媒介內容最為重要，而所謂內容，則
又視乎閱聽個人所賦予的「解讀方式」（reading）。閱聽人所得的
訊息，不是「隨意偶得」（serendipity）的，而是得自於媒介工作
者的精心傑作。符號學理論便集中焦點，研究訊息的結構是如何完
成，採用那些符碼，以及訊息製造者和接受者又是如何的去引導和
解釋訊息的結構。

另外，事實已經證明，經由傳播科技革命所產生的新媒介，的
確因為它的「改良性」，會取代舊媒介某些功能，但不見得就會扼
殺舊媒介的生機——因為，為了生存，舊媒介會改變內容、經營方
式和競爭策略。以迎接挑戰。例如，電視普遍之後，幾成了視聽媒
介寵兒，令電影備受壓力。結果電影以大銀幕、立體身歷聲以及小
型、分眾戲院等提高視聽品質方式，成功地迎戰電視挑戰，置身在
「媒」林之中，迄今不倒。

不過，了解麥克魯漢的驚人之語，省思之下，的確可以讓我們
對「媒介」更為了解。麥克魯漢這種視電視、收音機之類電子媒介

革命性發展，長期來說，會對社會產生莫大影響，又強調媒介本身比其所包含內容，更具影響力的說法，甚具爭議性，故有稱之為「爭議論」（The Controversial Theory）。

二、比較媒介效果

1973 年，宣偉伯在他的《人，訊息，與媒介》一書中（*Men, Messages, and Media*），開宗明義便把媒介效果說得很清楚：「一個合理的假設是，大眾媒介對公眾知識最強有力的效果是，它能在一定時間內，將公眾的注意力，集中於一定的問題、人物或論題上。」之所以如此，是因為大眾傳播媒介，在大部分閱聽人心目中，具有某一程度威望，而大眾傳播媒介又可以把「威望」，授予媒介中人物、機構、公共問題和社會問題上（一經報導即成新聞）。有關不同的媒介效果，可作下述比較：

1.就印刷媒介和聲音媒介而言：若各種媒介並用，效果當然可能最大；但若就簡單內容而言，只要將印刷和聲音兩種媒介並用，效果就可能極高。對教育程度較低，或閱讀能力較差者而言，則聲音媒介可能比印刷媒介記得更久、更多。至於內容複雜而又比較冗長者，則視覺效果又比聽覺效果來得大。

2.就說服性而言，如果傳播內容相同，則在改變態度上，面對面的親身傳播（溝通）可能最有效果，廣播次之，印刷品又次之。

3.就用電影或幻燈片所提供的資料而說，這些媒介內容，可能記憶得較詳細。

4.就印刷媒介優點而言：(1)讀者可以隨意「暴露」（閱讀）；

(2)「暴露」可以重複（一讀再讀）；(3)處理議題，因有較大空間（版面），故可以較為詳盡；(4)能夠迎合特殊品味（如「家庭生活」專刊）；(5)威望可能比其他媒介為高（為因有「白紙黑字」為證，但對文化水準較低的人來說，則可能未必如此）。

印刷媒介效力，通常指報紙而言，因為它有下面用途：(1)可以了解有關公共事務的新聞和解釋；(2)可以作為日常生活的工具和指導（如看股市行情）；(3)可以提供消遣，提供「逃避（現實）的功能」（escape function）；(4)可以提高個人社會威望〔如讀《時代》（Time）之類高級雜誌，表示自己夠水準〕；(5)可以作為「替代性」社會接觸（與諸色人等「神交」）；(6)有安全感，否則，就不知外面發生了甚麼事，感到自己在社會中迷失。

5.就廣播優點而言：(1)可以達到印刷與電影等媒介無法達到的閱聽人，滲透性強；(2)聽眾的文化水準不拘，普羅大眾可能比較易於接受暗示（而改變態度）；(3)聽眾較有參與感、歸屬感，比較接近傳播效力較大的面對面傳播；(4)採訪、廣播速度飛快；(5)有獨特音響效果，為人類口語文化所熟悉。

6.就電視優點而言：(1)現場高度傳真；(2)有特殊音像效果；(3)用途廣泛（惜不宜久看）。

7.就電影優點而言：(1)內容較不易忘記；(2)不論兒童或成人，通常都會毫無懷疑地接受電影內容，而信以為真；(3)較易激起閱聽人的情緒反應（如賺人熱淚）。

至於口頭傳播優點，則在於快捷（當面見效），親和力強，生動活潑，效果較易控制。

三、閱聽人選擇媒介原理

1.全都愛看或視若無睹（all-or-none）：這是一個極端現象，某些人對媒介著迷，甚麼媒介都喜歡「暴露」；有些人不喜歡媒介，便甚麼媒介都拒絕「暴露」。例如，很喜歡看報的人，也會很喜歡看雜誌；不看電視的人，也可能不看電影。

2.教育程度：教育程度高的人，會更懂得、喜歡使用媒介。

3.所得效果（income effect）：所得增加，經濟能力提高，媒介使用、消費可能增加。

4.年齡問題：年紀愈大的人，愈可能比較傾向愛好嚴肅性媒介（例如政論雜誌）或內容（例如社論）；而年紀愈輕的閱聽人，則可能愈傾向於愛好娛樂性媒介（例如任天堂電玩）或內容（例如影歌星消息）。

四、媒介效果

研究大眾傳播效果的美國學者，在不同階段的研究中，會有極分歧的看法，茲分期略作簡單介紹：

㈠ 傳播萬能論

大約在 1935－1955 年間早期以拉斯威爾（H. Lasswell）為首的學者，認為受播者是互相隔離、被動的，所以先有學者提出「打針論」（hypodermic needle theory）〔又稱為「機械反應理論」（mechanistic S-R theory）〕，認為媒介像打針一樣，可以擇人而

「打」，而且有一定效果。至 1952 年時，宣偉伯更說媒介像子彈一樣〔「子彈論」（bullet theory）〕，可以隨意發出訊息，而且彈無虛發，可以一一把目標閱聽人（群眾）擊中。此說遂引起特別注重傳播效果的宣傳運動者、廣告界、納粹及蘇俄共產黨的注意（洗腦）。本論可用表解說明如下：

(二) 有效（間接）效果論

　　大約在 1956－1960 年之間，媒介萬能論魔力消失，而一度轉為悲觀和消極。因為根據拉查斯斐（P. Lazarsfeld）等人的研究，發現媒介傳播力量相當有限，往往少於親身傳播，通常或者可以加強受播者已經有的預存立場，卻難以改變他（們）所堅持的態度和行為。研究發現，媒介之所以有如此無力感，是因為媒介與受播者（受眾）之間，有些無形的牆（buffers）擋在中間，成為介因，無形中緩衝了媒介的威力。根據美國傳播學者狄弗勒（M. L. DeFleur）等人 1975 年的研究，這是因為：1.個人差異（individual differences）（例如人格，選擇性的「暴露」、注意與理解就是一例）；2.社會類型（social categories），不同的社會類型（如性別、教育之類人口特徵），會有不同的團體性格，影響到受播者對訊息的反應；以及 3.社會關係（social relation），不同社交生活圈（如意見領袖、人際網絡、團體規範），也會成為接受訊息的過濾器。本論可用表解說明如下：

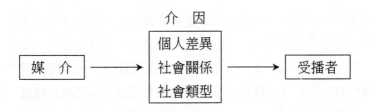

五、六〇年代，是大眾傳播學者研究媒介說服，新事物、新發明之採用、擴散，以及態度變遷的瘋狂年代。經過審慎的研究，學者卡拉柏（J. Klapper）在 1960 年，提出關於在大眾傳播過程中，有關媒介效果的五大通則，簡述如下：

　　1.大眾傳播通常得透過（諸如前述的）中間介因，才會發生傳播效果。

　　2.媒介會是一項催化因素，幫助加強現狀，但難以促成現狀改變。

　　3.如果介因不起作用，媒介得以直接發揮效果；或者媒介有心支持改革，則媒介也可以促進現狀改變。

　　4.在某些特別情形下，媒介有時亦可能跳過介因的「牆」，而直接產生效果，滿足閱聽人身心的需求。

　　5.大眾傳播效果，深受媒介、傳播過程和諸如訊息結構之類傳播情境的影響。

㈢ 適度效果論

　　大約在 1960－1970 年之間，傳播學者又再度重新出發，思考媒介效果問題。1964 年時，社會心理學家鮑爾（R. Bauer），從社會傳播（social communication）的觀點出發，認為以單向、線性方

式看待這一問題，一味著力於訊息能對受眾做些甚麼，而不理會受眾如何處理訊息問題，是不適當的，因為——傳播是雙向、交易性的，就如商品交易（transaction），你賣我買般公平，媒介對受播者固然有所影響，但閱聽人也可以自動地選擇和解釋媒介訊息（是為「傳播交易模式」）。所以，他認為閱聽人是頑固的〔他稱之為「頑固的閱聽人」（the obstinate audience）〕，他（們）主動、辛勤、積極地去刻意尋找資訊，目的在補強自己信念，或希望扳回開始搖動的信念，而不是任媒介「為所欲為」〔所以 1979 年時，英國學者布藍勒（J. G. Blumler）稱這類閱聽人為「主動閱聽人」（active audience），以凸顯他（們）對媒介使用的功利性、選擇性、不輕易受媒介影響和動機、意向的取向〕。傳播交易模式，可用表解簡單說明如下：

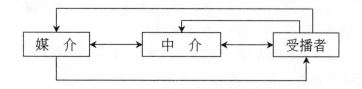

1970 年代，以凱茲（E. Katz）等人為首的學者，終於以「功能論」觀點出發，而以「媒介使用及滿足」（use and gratification）為觀看架構，兼及議題建構及文化規範等角度，研究閱聽人如何使用媒介？動機何在？之後，提出了五個媒介使用及滿足的假設，綜合簡述如下：

1.閱聽人是主動的，他們使用媒介以追求特定目標。

2.在大眾傳播過程中，要合乎閱聽人的媒介使用和滿足的功能（傳播才能生效）。

3.為了討好閱聽人的滿足感，媒介會與其他消息來源競爭。

4.媒介使用的目的，因人而異，只能從閱聽人個別資料中推敲得知。

5.由閱聽人自己為傳播的文化意義下決斷。

㈣ 強勢效果

1970－1980 年之間，一方面歐洲漸次抬頭之新馬克斯主義者（如，P. Elliot 等人），力言從使用與滿足角度，研究閱聽人「暴露」媒介動機，不僅抓錯重點，而且等於在協助掌政者維護既有社會體系，妨礙社會變遷。故而主張加強研究媒介主控權問題，揪出既得利益者，查察他們是如何在操縱媒介。另一方面，美國傳播學者在這一方面的研究，迄九○年代初期，還是抱持著媒介效果相當強，但並非萬能的結論。

五、媒介理論 (*media theories*)

媒介理論正在發展當中。早在 1956 年時，採英國人觀點從報業為貴族、主教、平民之外「第四階級」（the fourth estate）出發，前述之希伯特（F. S. Siebert）等人，即已提出報業四種理論（Four Theories of the Press），其後有學者將「報業」兩字省去，以廣應用：

1.**威權主義理論（The Authoritarian Theory）**：出現於十六

世紀時的英國，認為大眾傳播對閱聽人具有影響力，但閱聽人對於媒介的選擇能力則是薄弱的，故政府要對大眾傳播媒介加以控制。

2.**共產主義理論**（The Soviet Communist Theory）：是上述威權主義理論延伸，1917 年蘇俄十月革命之後，出現此種理論，一直到 1990 年代初期蘇俄解體為止。此論力持大眾傳播媒介，必得依政府的政策與黨意而營運，以鞏固政府、黨政權及為政府推行政策。另外，昔日蘇俄也施行「國營電視制度」（state television），實行政府控制（government control）或黨控制（party control），故稱「共黨電視理論」（Theory of Communist Television）。

3.**自由主義理論**（The Libertarianism Theory）：起源於十七世紀英國和十八世紀的美國，以抗拒威權主義的桎梏，十九世紀中葉之後，成為自由世界媒介理論的主導。此論認為人民對於選擇大眾傳播媒介及其內容訊息，具有正確判斷能力（人民生而理性），媒介只須負起人民與政府間溝通任務，提供真實、客觀、公正的資訊即可，故大眾傳播媒介的設立，應由自由市場來決定，政府少管為妙，抗拒一切權威的干擾。此論是由言論及出版自由為立論基礎，而以新聞自由及資訊自由流通為訴求重點。

4.**社會責任論**（The Social Responsibility Theory）：此論是1947 年美國一個叫「新聞自由委員會」（Commission on Freedom of the Press）首先提出，鼓吹一個「自由而負責」的新聞事業（a free and responsible press），是威權主義與自由主義的折衷，故又名為「新自由主義」。社會責任論特別強調大眾傳播媒介對社會的責任，故政府可做適當控制，以維護自由精神（是所謂政府的「剩

餘權力」），使媒介對社會負責，符合社會倫理、規範及公眾興趣。

上述四個理論意念幾經流衍之後，英國傳播學者麥魁爾（D. McQuail）終於在 1987 年從功能論探討民主參與媒介體系時，提出他有名的「民主──參與者媒介理論」（Democratic-Participant Media Theory），主要理論包括：

1.以傳播權為出發點的媒介應有的作為：(1)所有社會成員（包括少數團體），一律得依他們個別需要，獲得媒介服務，享有充分傳播權；(2)政治或官僚體系，不應控制媒介組織及其內容；(3)媒介不是為其組織、代理人或其從業人員而存在，而是主要為它的閱聽人而存在。

2.民主社會中，媒介應有的政策：(1)社會內各個團體、組織與社區，都可以有自己的媒介；(2)小型、互動和參與式的媒介優於大型、單向和專業化的媒介；(3)大眾傳播媒介應自給自足，不依賴政府，也不屈服於市場壓力。

「民主──參與者媒介理論」是根據社會責任規範而來，強調社會大眾至上，但反商業化、反民營媒介獨占化，反集權主義，妨止媒介公器之流於官僚制度，而以社會大眾的需要、利益為主。

此外，傳播學者活尼（F. C. Whitney）在 1975 年時，曾列舉出下述理論：

1.**利益論（The Profit Theory）**：把大眾傳播媒介視為一種商業性的產品和服務，以營利為目的，故極力強調大眾傳播媒介應符合消費需求，這樣才會符合本身利潤目的。

2.**威力論（Power Theory / Stimulus Response Theory）**：

認為大眾傳播媒介是有影響力的，只要是它所傳出的觀念，就必然引起大眾反應，故又稱為「刺激反應論」（S-R）〔不過，其後這一理論曾引起某些人的激烈批評，認為強調大眾傳播訊息，必能引起大眾反應的說法，不一定是真的。有時，大眾傳播媒介並不能領導大眾，反而是順應大眾輿情。這些論調旨在批評刺激反應理論之不當。因為蔚然成論，故亦名之「刺激反應批判論」（Stimulus Response Critique）〕。

3.**大眾社會理論**（The Mass Society Theory）：視社會為一群缺乏個性與判斷力的大眾，並且又驕傲和不正視本身弱點，所以易受大眾傳播媒介「牽著鼻子走」。由是，大眾傳播媒介易於發展成控制大眾工具。

4.**數學理論**（The Mathematical Theory）：原是電話工程師山農（C. E. Shannon）與偉佛（W. Weaver）兩人，根據電話線路原理所發展出來，後之，傳播學者遂以此資訊通過電路之線性原理，運用於人與人之間的傳播關係中。其傳播路線如下：

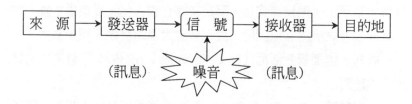

故此，此一理論也稱為「傳播路線能量論」（The Theory of Channel Capacity），並特別提出噪音（noise）一項元素，表示訊息在傳播過程中之可能受阻與被曲解情況。又因為這種理論建立在

通過（0）／不通過（1）的「兩元素理論」（The Binary Theory）上，特別適合電腦原理，故又稱之為「資訊理論」（Information Theory）。

他如拉查斯斐之「兩級傳播」和史提芬遜之「遊戲論」〔或稱「娛樂論」（The Hudenic Theory）〕，已在前面介紹過了。

麥魁爾 1984 年時則曾提出過一個「媒介——社會運鎖」／「媒介——閱聽人運鎖」的組織化模式，以顯示大眾傳播媒介與社會、閱聽人的宏觀和微觀面貌，簡述如下表。

六、媒介和社會的思考

1.為了了解媒介已成為社會、政經制度之下一個重要次系統、次文化，不妨想一下：

△如果大眾傳播形式突然銷聲匿跡，個人和社會將出現甚麼樣情況？

△如果沒有媒介，個人、群體及組織將如何理解他們的環境、生活、行為、娛樂和安全？

△如果一朝失去所有媒介，社會秩序和穩定如何維持？社會變遷

又如何發生？

△如果一旦缺乏媒介溝通，社區和國家衝突如何解決？人們又如
何適應環境變化？社會所賴以依存的共識，又如何維持？

我們的人類社會如何生存下去？

2.麥克魯漢地球村的「反調」：麥克魯漢的「媒介燒餅歌」，
可以說有靈有不靈。睽諸許多媒介在發展中所顯示出的特質，相信
很多人都會佩服麥克魯漢真是個先知者、預言家。然而，再細看一
下電子媒介的發展，例如，就以麥氏所說的通訊衛星發展為例好
了，同他唱反調的傳播學者，也實在不少。例如：

(1)在 1954 年，因發表〈天外傳播〉（Extra-terrestrial Relays）
一文，而被譽為「通訊衛星之父」的英人克拉克（Arthur C.
Clarke），早在 1971 年即認為，雖然過程會是緩慢的，但通訊衛
星卻是無可避免地把人類分散開來。通訊衛星加上廣播及有線電視
媒介，促使人類可以自由地選擇他自己喜歡的地方居住，而不必擔
心工作岡位問題。憑著先進的通訊科技，每個人家居都可以變成辦
公室（他也預言：現在的大都市最終可能像恐龍一樣，一去不
返）。

(2)哥倫比亞大學濟士楚教授（R. Jastrow）雖然承認通訊衛星
出現，無疑將為人類提供一個「神經系統」，把分散個人，納入一
個「地球社會」（a global society）。他在 1974 年時指出，在好方
面來看，人類會因為得以更自由自在地，接觸不同的思想和人物而
獲益；國際間亦會因為減少了互相猜疑，而呈現更穩定的政治局
面。不過，他就悲觀地認為，通訊衛星對人類未來，會有非常可怕
的影響。因為，一個統一的「地球社會」，將會是個高度集權的社

會。在這個「社會」裡，個人只是整個複雜的有機體裡的一個細胞而已，個人自由在此新社會中，會受到極大限制。

　　當世界公民幾乎統統成為「資訊處理者」（information seeker）之際，而媒介又逐漸步向「資訊高速公路」（information highway），甚至「超級資訊高速公路」（super information highway）時，從媒介聚合（media convergence）的意義、力量和角度來看，麥克魯漢科技決定論，也的確忽略了媒介所提供的訊息內容重要性，此應是其美中不足之處。

第四篇

認 識
大眾傳播媒介

第一章
大眾傳播媒介社會功能

金溥聰

一、大眾傳播與生活

　　大眾傳播是現代社會的主要特色，它與人們的日常生活可說是密不可分。誠如前文曾提到今天的民眾對大眾傳播的依賴程度，已經到了很難想像生活中，如果沒有了大眾傳播會是怎樣一個情景的地步。生活中如果沒有了各種大眾傳播媒介，例如，報紙、雜誌、電視、廣播、電影和網路等，社會上各類的重要活動，包括政治、經濟、文化、宗教等都會受到嚴重的影響，更別提一般民眾的消遣娛樂活動了。

㈠ 大眾傳播活動的實際過程

　　在進一步了解大眾傳播與民眾生活間的密切關係之前，我們必須先認識大眾傳播活動的實際過程。大眾傳播的實際過程主要包括五個步驟：

1.專業的大眾傳播人員（例如，記者、編輯、導播、製作人等依靠大眾傳播工作謀生者）花時間精力，將各種資訊準備好，成為可以經由大眾傳播媒介輸送的格式。在這個準備的階段中，有許多的其他輔助團體，幫助大眾傳播人員設計與散播資訊。這些人包括作家、編劇、演員等藝術工作人員，操作傳播器材的各種技術人員。另外間接參與準備工作的，還包括幕後出錢的廠商或贊助者。這些參與資訊準備工作的人員，目的各不相同，有些人是為了工作謀生，有些人是為了興趣與理想，或者是其他原因。但是，值得注意的一點是，在資本主義商業社會中，各種民營傳播媒介，它們準備資訊、傳播資訊的最主要目的就是賺錢。這個動機常常會影響了資訊傳播的內容。在這第一階段大眾傳播工作者的角色，就是將社會上的各種資訊傳播給各類的受眾。

2.各種資訊憑藉著大眾傳播媒介跨越時空、大量、迅速而且持續的傳播給大眾。這個階段中，最主要的兩個關鍵，就是傳播媒介的使用與迅速、持續的傳播活動。傳播媒介有許多種，早在報紙、電視等現代傳播媒介出現以前，人們就懂得利用煙霧、鼓聲、旗幟等做為媒介來傳播訊息。現代社會使用的傳播媒介複雜精細，電腦動畫、電腦排版等高科技傳播技術已非常發達。但不同的媒介有不同的用途，例如，電子媒介就比印刷媒介適合去傳播有畫面與音效的訊息。

現代大眾傳播媒介的特色就是能克服空間與時間的障礙，在極短的時間內將大量訊息傳播給大眾。在古時候，人們利用竹簡刻字著書，費時耗神，今天的高速印刷機，在短時間內，就可以印製成千上萬的版本，電視、收音機更可以利用人造衛星同步實況轉播萬

里之外的活動，這些都是以往人們難以想像的事。

　　3.大量而且多樣化的閱聽人接受大眾傳播的訊息。大眾傳播中
的大眾兩字，不單是指數目上的眾多，同時是指閱聽人的成員具有
形形色色的社會背景，包括不同的教育程度、經濟地位、宗教信仰
及工作職業等等。自從工業革命以後，大量化生產的工廠不斷興
起，廣募員工，吸引農村人口湧向都市，造成都市化現象。來自各
個不同地區的群眾，同居在大城市，彼此陌生不相識，缺乏相互歸
屬感，人際關係與人際傳播不再似農村社會那麼熱絡。大眾傳播內
容因此變成人們日常生活所需訊息的主要來源。

　　4.當大眾傳播訊息傳播給閱聽人時，閱聽人所解釋的訊息內容
與傳播者所希望表達的訊息內容，彼此相去不遠。這句話的意思主
要是指，傳播訊息者與閱聽人間具有相同的社會文化認知，能達成
傳播目的，而不是雞同鴨講，閱聽人對訊息內容有著與傳播者南轅
北轍完全不同的詮釋。

　　5.閱聽人受到了大眾傳播訊息的影響。這個階段指的是大眾傳
播過程的結果。一旦閱聽人對大眾傳播訊息有著與傳播者類似的解
釋，他們或多或少都受到了訊息的影響而產生了改變。這個改變可
大可小，可能深具意義，也可能無關痛癢，可能具體明顯，也可能
間接不易察覺。

㈡ 大眾傳播對生活的影響

　　自從工業化與都市化興起後，人與人之間的人際關係漸趨淡
薄。在都市高樓大廈公寓住宅中，鄰居之間「電視與麻將聲相聞，
老死不相往來」的現象十分寫實。大眾傳播媒介似乎成為人們日常

生活中的主要消息來源，即使是辦公室或其他工作場所中所談論的話題，也多半來自大眾傳播的內容。早期的傳播研究學者，也基於現代化工業社會中，群眾彼此孤立，缺乏人際溝通，而依賴大眾傳播媒介的理由，認定大眾傳播媒介有著強大莫能禦之的力量，西方學者甚至曾冠以「子彈理論」的名稱，來形容大眾傳播的威力有如子彈，只要善加操縱就能穿越障礙，命中靶的（受眾）。

　　大部分的民眾至今仍趨向相信大眾傳播媒介具有強大無比的威力，而對它抱持一種畏懼的態度。我們常聽到的一句話，「大眾傳播，無遠弗屆」，就代表著大多數人的看法。甚至許多對大眾傳播內容嚴厲的批評，例如，影響社會善良風俗、降低文化品味、促助社會犯罪風氣等等，都間接的說明了人們認為大眾傳播對社會大眾有著重大深遠的影響。此外，各類廠商在各種大眾傳播媒體上，不停地投下大把的鈔票，打廣告、作置入性行銷（product placement）；來推銷自己的產品。選舉期間，競選人更是竭盡所能，在大眾傳播媒體中，大做文宣造勢活動，這些訴諸大眾傳播媒介推銷自己的手段，都強化了大眾對大眾傳播具有強大威力的看法。

　　那麼到底大眾傳播對人們的影響有多大呢？是不是如有些人的看法已經是如水銀瀉地，無孔不入，直接影響到所有的大眾？是不是傳播者只要精心設計資訊，再透過大眾傳播媒介，就可以依自己的期望，去影響大眾產生態度或行為上的改變？對這些問題，大眾傳播學者經過長期的科學研究，所提出的答案都是傾向否定的。換句話說，大眾傳播媒介並不如一般的想像，對所有大眾都具有非常直接具體的影響。但傳播學者也沒有完全否定大眾傳播的影響力。

實際上，大眾傳播對於人們的影響，通常視個人的差異而有所不同。個人的差異則與每個人的家庭、信仰、教育、社經地位、個人需求、人際關係、次文化等其他社會因素有關。正確的說法應是，大眾傳播對於個人或社會文化的影響是間接，而不是直接的，是累積漸進的，而不是速成的，是複雜微妙的，而不是直截了當的。

　　社會大眾一直都非常關心大眾傳播內容對個人所造成的影響，而討論這個問題的最佳例子，就是電視內容對於兒童的影響。電視中的暴力犯罪鏡頭，是不是會促使兒童在日常生活中仿效電視暴力行為？過去的研究結果顯示，電視暴力鏡頭與暴力行為間的因果關係，只發生在那些本身已具有暴力傾向的兒童身上，而且是在某些特定的情境之下。換言之，電視對兒童的影響與許多其他因素有關，包括年紀的大小、家庭的背景、群體的關係、性別、個人的需求、人格與情緒的發展等。兒童在電視螢光幕上看到的東西，通常對他們有三種作用：1.是變成幻想的材料；2.是娛樂消遣；3.是教育。

　　兒童會去仿效電視上的行為，但不限於仿效暴力活動等不良行為，他們也可能學習到一些有益的社會行為，例如，和睦的家庭關係與人際關係，以及有益健康的運動等。但是長期充斥在電視螢幕上的暴力犯罪、低俗色情、怪力亂神等節目，毫無置疑地會對兒童與青少年心態發展，有著不良的影響。簡單的說，社會科學家對電視暴力的結論是：就像「吸煙有害健康」一樣（雖然不是每個吸煙的人都一定得肺癌），「電視暴力對兒童健康有害」。

　　長久以來，人們仿效媒體行為而作出危害自己、或社會大眾的例子屢見不鮮。在美國曾有一部電影，描寫一所學校球隊的球員，

為了訓練自己的膽量，就跑去高速公路車輛對向往來的中線地方躺下，任由車輛自身旁兩邊呼嘯飛馳而過。電影上映沒有多久，就果真有兩個美國高中生如法炮製這招把戲。結果當然是命喪輪下，作了冤死鬼。臺灣地區也有人仿效媒體上的歹徒，搶劫銀行，綁票勒索作奸犯科。但是我們不能因為有了這些例子就能斷言，電視傳播的內容對於個人的行為有著直接具體的影響。我們只能說，電視暴力犯罪內容，會對於那些本身早已具有特定傾向的人產生影響。何況自古以來，各種犯罪行為，都可能被任何因素所激發。我們不能光只認定傳播媒介的內容，是社會犯罪的直接誘因。事實上，許多人都忽略了一個事實，那就是長期的都市化與工業化所產生的各項社會問題，才可能是社會犯罪的根源。大眾傳播的內容，只是一個明顯而且較容易受批評指責的靶子。

早期的大眾傳播學者認為大眾傳播媒介，擁有沛然莫之能禦的無比威力。後來的傳播學者採用現代科學統計研究方法，進行許多研究後，卻仍然無法證明大眾傳播能在短期內，可能直接影響個人的態度或改變其行為。大眾傳播最多只是強化人們現存的態度與行為。在傳播的過程中，人們會選擇性的去接受那些與自己既有態度吻合的資訊。簡言之，大眾傳播的力量看來是非常有限的。

到了八○年代以後，傳播學者仍鍥而不捨的探究大眾傳播對於大眾的影響。他們發現雖然大眾傳播對於直接改變個人的態度或行為上，沒有一般人想像的那麼具有影響力。但是，對於個人、社會與文化不可避免地有著長期累積性的間接影響。它在社會變遷過程中，扮演著重要的角色。

大眾傳播對於社會變遷的影響，可以用創新傳播的例子來說

明。所謂的創新傳播，是指社會上引進新的科技產品（例如，電磁爐、大哥大行動電話）、新的觀念與流行（例如，家庭節育），或者是新的行為標準。這些創新的事物與流行，可能是本土的新發明，也可能是從別的國家或社會中所引進。大眾在接觸創新事物時的反應，通常可以分成五個階段：1.認識；2.嘗試；3.產生興趣；4.採用；5.評估後決定是否繼續採用。

　　大眾傳播的功能之一，就是迅速而且廣泛的散播有關創新事物的資訊，加速民眾對新事物的認識。民眾從認識創新事物，到最後採用之間，除了大眾傳播之外，口碑相傳的人際傳播也相當重要。經由重複的介紹，不斷出現在大眾傳播媒介上，大眾認識新事物的人數比例，可以快速不斷的增加，但是一旦經過一段時間後，這個比例就會面臨一個上限瓶頸。這時候，即使不斷的在媒體上重複介紹訊息，也很難再有突破。這也就是會知道的人都已經知道了，對於那些不會知道的人，即使傳播者繼續透過媒體大量推廣，他們仍然很可能還是不會知道的。

　　臺灣地區創新傳播的一個很好例子，就是六、七十年代的家庭節育計畫的推廣。主事單位利用大眾傳播媒介與家庭計畫推廣人員，雙管齊下地成功的以「一個不嫌少，兩個恰恰好」的新觀念，取代了過去農村社會「人丁興旺、子孫滿堂」的舊想法。這個例子同時也證明了，大眾傳播在社會變遷的過程中，擔當相當重要的角色。

　　大眾傳播的另一項功能，就是「創造」社會問題與影響民眾對社會問題的認知。「創造」社會問題，在此處代表的，不是無中生有，而是偏向發掘曝光的涵意。一個社會問題的存在，牽涉到主觀

與客觀的認定。通常一個社會問題的認定，是先由社會上的一部分群眾認為，一個現存的社會現象不合理或不可接受，而開始試圖說服社會大眾，這是個必須解決的問題。因為社會上每天都有不同的事件互相競爭，希望獲得媒體的注意力，所以很多的社會抗議團體，為了吸引新聞媒介，常以戲劇化，甚至極端的手段製造新聞。他們相信藉由大眾傳播的力量，可以讓大眾認知這個社會問題，進而推動專責單位來解決這個問題。因為大眾傳播媒體長期所面對的壓力，就是刊載或播出新聞，所以許多公關公司、商業機構、政治團體、社會抗議團體就懂得利用媒體的特性，去製造知名度或表達有利於自己的立場。民國 83 年 3 月底，臺北市七號公園內，因觀音像的遷移問題，引發了佛教徒代表絕食抗議的事件，就是一個好例子。抗議團體發動抗爭活動去吸引媒體的注意力，演變成社會問題，促使專責單位解決這個問題。最後臺北市政府讓步，同意將觀音像保留在公園內。

當一個社會問題出現後，大眾傳播媒介如何報導這個社會問題，對於大眾如何認知這個社會問題，也有著深遠的影響。如果大眾傳播媒介對某些社會問題，給予長時間強度的報導，久而久之，大眾自然就會對這個社會問題比較重視，因為他們會認為傳播媒體所強調的社會問題，應該會是比較重要的問題。換句話說，一般大眾通常相信媒體的專業判斷力。他們對問題重要性的認知因此會受到大眾傳播內容的影響。大眾傳播媒體所強調報導的社會問題，大眾也會同樣的認為比較重要。尤其是那些一般百姓缺乏親身體驗，離他們生活經驗比較遙遠的社會問題。譬如說，臺灣加入聯合國這個議題，經過媒體長時間大幅度的報導這個問題後，社會上已經有

愈來愈多的人，認為這是臺灣目前所面臨的重要問題之一。

　　從另外一個角度來看，正因為大眾傳播能夠影響大眾對社會問題重要性的認知，所以大眾傳播也具有了凝聚社會「共識」的功能。此處的「共識」，指的並非是對社會問題的解決方式有著共同一致的意見，而是社會大眾對那些問題，是社會上比較重要的問題，有了共同的看法。例如，臺灣同大陸的統獨問題，由於大眾傳播長期廣泛的討論與報導，社會大眾漸漸開始普遍共同的認定，這是臺灣一個重要的政治問題，必須謹慎處理。但這不表示，臺灣的民眾對於主張應該統一或是應該獨立已有了共識。大眾傳播媒介這種凝聚社會「共識」的功能，對於推動社會整合，以民主公開溝通的方式來謀求社會進步，有著意義深遠的作用。

　　大眾傳播另一項基本功能，就是提供大眾在生活上所需要的各種資訊。大眾傳播媒介有點像人類感官的延伸，替社會大眾擔任守望通報的角色。這個世界，每天瞬息萬變，發生許多重要的事件，我們每個人的時間能力有限，無法也不可能親身參與每一項重要大事件。大眾傳播媒介就成了我們的耳目，替我們捕捉掌握社會重大事件的精髓。此外，有了大眾傳播媒介，人類才能分享許多共同的經驗。阿姆斯壯登陸月球的壯舉、奧運金牌選手破紀錄的表現、日本皇室的婚禮、中東波斯灣的戰爭，經由大眾傳播媒介的報導，大眾才得以共同參與認知世界上，形形色色的大事。

　　大眾傳播當然也兼具提供教育與娛樂的功能。但是若就目前社會現實情況，來檢討大眾傳播內容，尤其是電視，則不難感受到其對社會大眾文化所帶來的間接的、負面影響。

　　就以行政院主計處民國 80 年國民文化活動需要調查報告，與

國民休閒生活調查報告資料來說吧，臺灣省十五歲以上國民之休閒活動，以「在家觀賞電視或錄影帶」為主的比率竟高達百分之七十以上，平均每天觀賞電視及錄影帶約兩小時十一分鐘。由上述統計數字可以看出，電視已經深入到臺灣每個家庭的家居生活。但是不論中外電視節目，長久以來，都受到內容通俗化的指責。

社會知識分子一直批評電視內容追逐大眾通俗品味，剝奪了民眾享受高品味文化的機會，另一方面，電視媒體又坐享暴利，正是所謂的「雙重剝削」。為甚麼電視長久以來，面對知識分子嚴厲的批評，卻仍然我行我素，緊抓著通俗文化的路線呢？其實道理很簡單，電視媒體的內容取捨，基本上是以「最多數原則」為方針。因為幕後付錢的，是廣告廠商，他們要求電視節目能掌握最多數的觀眾，才能達到推銷商品的最高經濟效益。

所以，簡單的說，「最多數原則」與電視文化的品味，其實與整個資本主義社會的商業制度有關。如果電視內容的取向，只是為了迎合大多數民眾的口味，那是不是表示有甚麼樣的大眾，就有甚麼樣的電視節目？電視內容通俗化的責任，不在電視媒體而在社會大眾本身呢？

乍聽之下，這樣的辯駁似乎言之有理，但事實上這是個不負責任的推託之詞。因為大眾傳播媒體對於大眾的影響，是長期累積性的，經由不斷持續的製造與傳播藝術型態，電視對於大眾，尤其是兒童的文化品味，有著長期深遠的影響。如果基於近視短利。棄未來的國民文化品質於不顧，那只有產生惡性循環，愈來愈差的局面。

大眾傳播常常是成人與兒童不自覺的教師，人們因為羨慕媒體

上的偶像，常會仿效學習他們的言行舉止。媒體上所描寫的社會情境，也會影響大眾對現實社會的認知。傳播學者強調，單單幾次的電視觀賞，是不太可能對個人造成直接具體的影響，但是長期累積的接觸，將會增加個人受到影響的機率。在累積性效果加上個人因素的相互作用之下，大眾傳播內容對於大眾的間接影響，會發生在行為的仿效（modeling theory）與對事物的詮釋（meaning theory）兩方面。

　　人們仿效媒體人物行為的例子俯拾即是，最常見的就是青少年模仿明星偶像的服飾與言談。媒體對大眾對事物詮釋的影響則較微妙，需長時間觀察。我們很難找到一對一的直接證據，來說明大眾傳播內容和大眾的思維言談，以及對社會現實認知之間的關聯性。但是各種大眾傳播媒介內容，包括電視電影、書報、雜誌，對現實社會的呈現與描繪，無疑的是人們外在行為仿效，與對事物內在涵意解釋的一個重要來源。長期的暴露在大眾傳播媒介的世界中，人們學會了去修正對語言及符號的涵意。大眾傳播內容，因此間接幫助了大眾對社會文化產生共同的解釋。

　　或許用一個例子來說明，比較有助於了解大眾傳播如何影響大眾對事物的認知。民國 80 年代初期臺灣地區青少年很流行一個名詞──「酷」。這個「酷」字在中文原來的解釋代表著殘暴的涵意，例如，殘酷。另外，也可以當作「很」或「極」的意思，譬如酷似、酷冷。但是新流行的酷字的涵意，其實是源自英文的"cool"，用來形容一個人很性格、很有自己獨特的味道。因為（國語）發音相近，「酷」字就成了中文的替代，這是傳播的第一步，有人將「酷」這個文字符號與欲代表的涵意相連結，用不同的情

境，例如，文字描述、音效影像去表達出來，再不斷重複的在大眾傳播內容中出現。接下來第二步，就是有一個或少數受眾從大眾傳播中（例如，電視廣告），了解了這個「酷」字所代表的新涵意後，經過自己的詮釋發展出對這「酷」字的主觀反應。第三步就是在與其他人溝通過程中，修正與傳播這個字眼的涵意，使雙方在互動傳播中對這個字產生相同的反應與解釋（例如，小胖：這個電視明星長得好酷喔！圓圓：你說他很冷酷？小胖：不是啦，我是說他長得好性格，好有個性啦）。第四步就是愈來愈多的人，對「酷」這個字有了相同的詮釋與反應。經由大眾傳播的幫助，大眾對於「酷」字有了新的認知與使用習慣。

大眾傳播的內容，常常是人們日常生活中的教材。大眾在大眾傳播的長期薰陶下，學會了社會是甚麼樣子，人們如何彼此相處，別人對我們有甚麼期待，各種行為可能會造成甚麼後果，我們應如何去認知周遭的世界，我們應如何自我評估。曾經有美國的傳播學者發現，因為美國的電視內容充滿了暴力與犯罪，電視看得多的人長時期下來，就比看電視看得較少的人，更易覺得美國的現實社會，是個自私卑鄙的世界，他們對社會上犯罪比率的估計，都超過真實的比例。換句話說，電視中所建構的象徵世界，影響到了大眾對於真實世界的看法。

大眾傳播內容中，存有許多偏見與刻板印象。經過不斷的重複出現，它們影響也限制了大眾對於事實的認知與深入了解。例如，電視影集中，對於精神病患的描寫通常是片面、誇大扭曲的負面形象。電視中呈現的精神病患往往都是狂暴、歇斯底里，或心神完全喪失的角色。長時期下來，大眾對精神病患就可能有著不正確的認

知，認為精神病患者，時時刻刻都是危險狂亂的。這對於病患本身以及病患家屬，都是不公平的。另外，例如，電視節目中常有插科打諢的片段，對於愛滋病傳染的可能性錯誤誇大，使得大眾被誤導，認為愛滋病有如痲瘋，人人避如蛇蠍，深怕握個手都會被傳染，這對愛滋病患者的傷害，有如雪上加霜，極不人道。

同時，大眾傳播內容中，對於男女關係的角色，也常是扭曲或強化傳統偏見。譬如連續劇中的女主角，時常是被動柔弱，依賴男性為生活的重心。男性則多半是強勢、主動、家庭的主角。過於簡化的處理兩性角色，對於大眾，尤其是未成年的青少年的兩性角色認知，常有誤導的影響。

此外，大眾傳播內容中，對於英雄偶像的描繪，也往往流於資本主義社會濃厚的商業色彩。今日媒體中的英雄，不是影歌星就是運動明星。大眾傳播媒介不停的利用各種頒獎表揚的活動，來強化這些「英雄」的形象與地位。早期的英雄是憑藉著奉獻犧牲的崇高道德情操，堅苦卓絕的毅力表現，或是面臨危險，毫不畏懼，捨生取義的英勇事蹟，來建立自己的英雄地位，贏得世人的尊敬與崇拜。現代大眾傳播媒介所標榜的英雄，不再是那些對人類社會有貢獻的傑出人士，而是娛樂或運動的巨星。商業單位投資巨額的廣告費用，不斷用各種促銷手法，去培養媒體的巨星。大眾傳播媒體為了追逐商業利益，更是推波助瀾，長期地將注意力焦點集中在這些偶像身上。反而使許多每天發生在社會上的無名英雄事蹟，都受到了忽略。偶然有幾則報導，也只是出現在地方版新聞上。結果是社會大眾，盲目的崇拜一些以技術層面崛起的娛樂、體育巨星。社會的價值標準逐漸轉移，道德的推行日益沒落。

　　臺灣地區在媒體炒作之下，曾出現過所謂的影星四大天王、歌星四小天王等名號，影迷歌友會南北林立。另外，熱門歌曲巨星麥可‧傑克遜來臺演唱時，青少年歌迷為之瘋狂的場面，在在都顯示了大眾傳播媒體，已成功地塑造了現代的英雄偶像。這些巨星都是在驚人廣告花費下，所製造出的產物，而這一切的支出，包括他們的天文數字收入，都間接的轉嫁到消費大眾身上，這又是前面所提及的經濟與文化的雙重剝削。

　　談了許多大眾傳播對社會文化負面的影響，我們也應該回頭再談一談大眾傳播對於社會的正面影響，特別是大眾傳播的教育功能值得作再進一步說明。大眾傳播能夠提供許多有益的資訊，供大眾提昇生活品質，像是飲食健康、醫藥新知等等。對於發展得較落後的國家，大眾傳播在這方面的幫助尤大，能在一定程度上，促進經濟發展和民眾對政治的參與。大眾傳播同時又能幫助推動文化傳承的工作。傳統的文化藝術，得以藉著大眾傳播有效的傳播給新的一代。臺灣地區早期利用大眾傳播媒介，成功地推行了國語運動與許多其他健康保育運動。在臺灣，傳統的歌仔戲、布袋戲與北平京戲也都靠著電視的播出，得以保存延續，甚至注入新的活力。

　　大眾傳播對於大眾的生活安全保障，也提供了許多有效的服務。從每日的氣象報告，到對自然突發災難的預警，大眾傳播充分發揮了守望通報的功能。每個生活在臺灣地區的居民，幾乎都有過一早守著收音機或電視機，收聽有關颱風警報的經驗。現代社會中，各種大眾傳播媒介所提供的豐富資訊，讓不同的大眾，可以根據各自的需要去使用不同的資訊。有的人對經濟金融消息有興趣，有的人對政治、公共事務報導有興趣，也有的人對藝術文化發展有

興趣，每個人都可以從大眾傳播所提供的資訊中，去滿足自己的需求。這也是現代大眾傳播的最大特色之一。

　　新的傳播科技發展，近年來更可說是一日千里，自從五〇年代電視普及以來，光纖、有線電視、人造衛星先後加入了大眾傳播的行列。大眾傳播的能力，不論是質或量，都得以大幅度的提昇。所以有一派學者的確相信，今天的世界，已經有如一個「世界村」。古人所謂天涯若比鄰的境界，已經由現代大眾傳播的幫助得以真正實現。例如，大眾將可以普遍地使用雙向有線電視，在家中的客廳，處理許多日常生活活動，例如，購物、銀行交易、存錢轉帳、水電付款、圖書查詢等等。

　　另外值得一提的是，大眾傳播科技一向被視為是推行現代社會民主化的最佳工具。因為它可以將各種資訊，大量而迅速的傳播到社會上的每一個角落，理論上，不論是高官顯貴或是販夫走卒，都具有同樣的資格，平等地去接收相同的資訊。不過，現實社會中，每個人利用傳播科技去接受資訊的機會並不相等。傳播學者發現，當大眾傳播資訊加速地傳入社會體系中，社會中社經地位較高的人，吸收資訊的速度，比社經地位較低的人快，所以兩者間知識的差距，是趨向擴大而非縮小。也就是說，教育程度與經濟地位愈高的民眾，從大眾傳播資訊中獲取的知識愈多，大眾傳播等於助長了社會上的知識差距。但是這樣的差距，也不會無限制地擴大。傳播學者認為，當資訊本身的性質，與大眾都有切身利害關係時，個人的動機與人際關係的網路，可以彌補教育與社經地位的落差。

二、要正確認識大眾傳播媒介

現代大眾傳播已深入每個家庭，廣泛的影響到每個人的生活。大眾傳播內容對於個人的影響，並不是如一般人所想像那麼具體與直接。個人的態度與行為，不會因短期的接觸大眾傳播內容而產生立即的改變。大眾傳播對於個人或社會文化的影響，是間接與長期累積的。我們要了解大眾傳播對於大眾的影響時，除了要考慮個人的差異外，也需要考慮整個社會的經緯。因為一個社會的傳播系統與傳播內容，是與整個社會制度息息相關，互為因果，彼此影響。

大眾傳播是一個過程。從資訊的產生、散播、認知，到產生效果，其中牽涉到許多的團體與動機。在資本主義商業社會中，經濟利益的追求是許多大眾傳播活動的主要動力。為了追求最高經濟效益，大眾傳播的內容無可避免地受到「大多數」商業原則的影響，大眾通俗文化因此抬頭。但大眾傳播媒介如不肯放棄短期利益，一味推諉責任，則在大眾傳播長期累積的影響下，社會文化的發展將會形成惡性循環，日趨通俗。

我們如要幫助大眾傳播導入正途，首先就必須讓社會大眾認識大眾傳播媒介，了解大眾傳播活動的過程與可能的影響。唯有清楚的了解大眾傳播的性質後，我們才有進一步的能力，去分辨大眾傳播內容的內在涵意，汰蕪存菁，掌握其正面效益。大眾傳播的威力也許不是我們所想像那般無遠弗屆，我們不必高估它的直接影響力，但也不能輕視它對社會文化的間接影響。唯有善加把握大眾傳播的正面功能，我們才能使社會蒙受其利，避其害，讓未來的生活變得更美好。

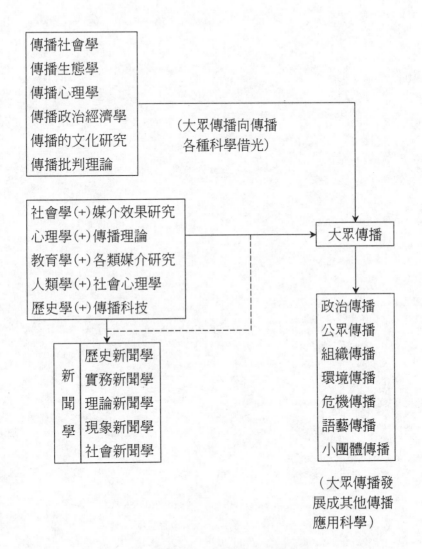

傳播社會學
傳播生態學
傳播心理學
傳播政治經濟學
傳播的文化研究
傳播批判理論

（大眾傳播向傳播
　各種科學借光）

社會學(+)媒介效果研究
心理學(+)傳播理論
教育學(+)各類媒介研究
人類學(+)社會心理學
歷史學(+)傳播科技

大眾傳播

新聞學
歷史新聞學
實務新聞學
理論新聞學
現象新聞學
社會新聞學

政治傳播
公眾傳播
組織傳播
環境傳播
危機傳播
語藝傳播
小團體傳播

（大眾傳播發
展成其他傳播
應用科學）

大眾傳播定位與發展系統圖

第二章　認識報紙

蘇　蘅

一、我們需要報紙

「一架中國民航客機今天被劫持到桃園中正機場，全體旅客平安無恙，兩名劫機犯已被我國警方人員逮捕。」

「臺中縣大肚鄉頂街平交道今天發生大車禍，一列北上的自強號火車撞上一輛卡在平交道的貨車，造成九死二十四傷的慘劇。」

今天又發生甚麼大事了？做為一位讀者，你可以從報紙或電視新聞中知道世界上發生的重要大事。我們看報紙刊登的新聞，希望既詳盡又正確，選的題材要重要又有趣。編報紙的人則希望我們買來閱讀，懂得它的編排方式，會讀它的標題，並欣賞它的內容。

報紙可說是現代社會中，最能滿足快速人們好奇心和求知欲的工具。但是，你有沒有想過，為甚麼報紙會比你先知道這些消息？

或許你已經知道答案了：是新聞記者採訪得來的。但是為甚麼新聞記者會知道這件事？如果你不斷問下去，你的父母會說：「傷腦筋！」

不過換個角度想，現在社會比以前複雜多了，我們如果像魯濱

遜漂流記主角一樣離開人群獨自生活，不問世事，可能會得自閉症，別人問我們甚麼事情都「一問三不知」。

我們的周圍每天都有很多變化，報紙可以把最重要和最需要知道的事登出來，使我們可以預作準備，例如，你每天上學搭乘的公車票價要漲了，或者颱風來襲造成那裡淹水，由於這麼多人需要這些消息，所以才會出現很多報社和廣播電臺、電視臺，為大家提供這些和生活關係密切的消息。

這一章我們要說說報紙的起源、發展過程以及報紙是怎麼採訪和製作新聞，當然我們也想告訴你——做為一個讀者，你應該怎麼選報紙、看報紙，然後我們要簡單介紹一下臺灣報紙狀況，最後，為了讓你對報紙的未來有點前瞻性的想法，我們還要說說結合電腦科技出版的「電子報紙」又是怎麼一回事。

二、報紙的起源

今天你到學校，可能有人告訴你班上或同學之間發生甚麼大事，或許有人考試作弊被抓，或許某位老師舉行數學小考，結果有三分之二同學被「當」（不及格），這些事件你也許很關心，但可能永遠不會有任何 7-Eleven 商店販賣的報紙會刊登這些消息，為甚麼？這當然與報紙認為甚麼是新聞，以及記者採訪那些新聞有關。

甚麼是新聞？新聞當然是生活的一部分，新聞圈對「甚麼是新聞」早有共同看法：「狗咬人不是新聞，人咬狗才是新聞。」這句話就是說，在你的生活中，考試作弊和老師當人很兇，儘管讓人覺

得有趣，但這類事情經常發生，就像「狗咬人」一樣不稀奇，所以不一定成為報上的「新聞」，但這些事件已具備新聞的雛形，因為你們同學會口耳相傳，這類消息都有發展成新聞的潛力。例如，如果老師當人很兇，結果被學生惡意報復，造成受傷或流血事件，甚至在網路惡意攻評，就會變成新聞。

消息的產生似乎很簡單，兩個或兩個以上的人，談論起一個雙方都有興趣的話題，就出現有共同興趣的消息。早在人類能說話時，就有各種消息在流傳。不過消息變成新聞的形式，甚至報紙的出現，就比較晚了，而且和人類文明進步的速度及科技的發明有關。

早在中國的漢朝（約西元前二百年），已經出現類似現在報紙的「邸報」，這分報紙可說是世界報紙的老祖宗。

所謂「邸」，就是漢朝各郡國在京都所設的「邸舍」，有專人負責把京都詔令奏章、宮廷及政治新聞傳抄給各郡國的諸侯，這些傳抄的內容就叫《邸報》，這個名稱在中國一直沿用到明代崇禎末年（西元 1643 年），前後計有一千八百餘年。

西方當然也有類似的概念，不過出現時間比中國晚很多。

據說在西元前六年，羅馬帝國的凱撒大帝發行《羅馬政府公報》，刊載議會、宗教、戰爭和選舉新聞，每天公布於羅馬議事廳，並且分送羅馬各重要城市，這是歐洲最早的報紙。

以上所舉的例子都是「手抄新聞」，和現代報紙大量印刷和精美的形式有很大差別。

隨著活版印刷術出現，十五、十六及十七世紀初，歐洲各國均出現不定期的印刷新聞紙，內容以歐洲發生的天災人禍和神奇事情

為主，這些新聞紙多半壽命很短，內容類似現代的新聞小說，文字雖多，但新聞很少，和現在的報動輒數十張相差很多。另一方面，這些新聞紙多為不定期發行，所以也不像現在報紙，天天出版。

世界上最早出現日報的國家是德國。十七世紀後半，由於郵政制度發達，郵件已可以在每天送到，所以全世界第一張日報出現在以造紙印刷業著稱的德國來比錫──《來比錫新聞》於 1660 年創刊，最初為每周出刊一次，後來改為日報，為全世界公認的第一分正式的日報。

不過，現代報紙的產生要有相當條件：例如，社會一般民眾必須有相當識字程度，能看報的人要很多，而且現代報紙以機器快速印刷、大量發行為特色，所以在文盲多的國家，報紙大量發行，會使老闆做賠本生意，所以愈落後的國家愈不可能出現現代化的報紙。報紙和其他產學一樣，具有商業銷售性質，因此一方面要了解讀者興趣，別一方面也要有廣告收入，才能持續經營，這也使得報紙經營者同時要兼顧兩者的利益。

以報業非常發達的英國來說，英國政府在十九世紀後半首先推行普及國民教育，才能出現現代報紙產生的有利條件。民眾教育程度提高，交通工具發達，各項科學技術更進步，都使得新聞採訪、編輯和印刷比報紙剛問世時更便利，報紙能報導最新消息，彩色印刷也使報紙內容愈變愈好看，這些都使得報紙發展愈來愈有利。西方報紙也在十九世紀末、二十世紀前半初，進入快速成長期。

三、一張報紙的誕生

不知道你有沒有編過校刊？也許你看過別人編校刊，編校刊當然和編報不完全一樣，但過程和編輯的概念有些相像，只是報社組織和分工遠比編校刊更為複雜，內容也更要求以最新發生的事件為主。

我們所看到的報紙張數沒有校刊多，但動員的人力可比校刊多好幾倍。例如，臺灣一般中文報紙第一疊有四至五大張，每一頁稱為「一版」，一大張有四個版，因此五大張報紙就有二十個版。通常報紙每版都有不同的新聞重點，你可以在報紙最上面看到一個「標題」告訴你這版主要刊登那類新聞，我們稱為「報眉」，它的功能就像臉上眉毛一樣，提示讀者整版的內容為何。

接下來我們來看報紙新聞如何產生？

一分報紙的產生，是由一連串環環相扣的過程推動出來的，如果以一個報社做為分析單位，就不像一般人想像只有新聞記者和編輯在工作，在報社組織裡，除了屬於中、下層人員（如記者、編輯）在工作外，還可以看到上層決策人員（老闆、經理）決定報紙的經營方針和市場定位。

打個比方，報社就像一個籃球隊，特徵之一就是有分明的指揮系統和分工，老闆、發行人、社長扮演總指揮官，高級主管如總編輯像教練，一般工作人員如新聞記者和編輯則為衝鋒陷陣的球員，卯足全力打一場漂亮的新聞戰。不同報紙間競爭相當激烈，就像籃球比賽，無時無刻不在盡全力較勁。

我們先來看一下報社內部的分工。

下面為臺灣地區普通一個報社大概組織和分工狀況：

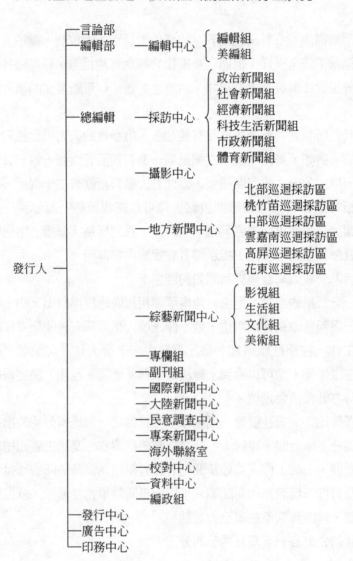

　　由上述部門編組分工，可看出報社組織很龐大，因此非常講究團隊合作。

　　簡單的說，一分報紙的產生，不僅靠記者採訪新聞，採訪新聞回到報社上班後，還要有編輯配合改稿、分稿，每版都有專門負責的編輯決定那些新聞和照片可以見報，按著為每條新聞做一個吸引讀者的標題，再下來要決定不同新聞放在報上甚麼位置。一切就緒，就要送到印刷中心製版、印製。

　　「轟隆！轟隆！」嘈雜的印刷機開動了，報紙一版一版飛也似的印出來，經過另一臺機器切割、打包，你所看的報紙很快一捆捆包紮好，整整齊齊地擺在地上，這時便由工人用力抬起，放上貨櫃車，分送全省各地的經銷商及報攤，最後一步則由各地送報生送到訂戶手中；如果你家是訂戶，而不是買零售報的話，這就是你每天一早在家中收到的那分「熱烘烘」的報紙整個過程。

　　有些同學可能會問，報上為甚麼每天都有那麼多新聞？而且每個版面剛好登得滿滿的，一行也不差，難道每天報社都正好得到這麼多新聞？

　　這種問法算是說對一半，報紙新聞的確來自各方，包括各機關團體、各行各業及天南地北，有些是新聞對象主動提供。但大多數是記者挖掘得來的。報上新聞來源一般可分為：國內記者採訪國內發生的事、報社駐外人員的報導、外國通訊社發的消息以及各種熱心人士提供的消息。

　　你所看到的新聞多半靠記者敏銳觀察和採訪得來，但也有新聞經過策劃設計，再由團隊完成。至於新聞字數為何恰到好處，則屬於編輯的問題。

新聞記者通常各有採訪路線，有的採訪政府部門如總統府、行政院，有的採訪民意機構如立法院，有的採訪民間團體如消費者保護基金會，每位記者各守據點，然後由點而面報導各路線上的大事。記者們每天都要出去採訪，有責任感的記者，無時無刻不注意社會事件的發展，絕對不會輕易放棄採訪任務，所以我們每天才能很快知道社會發生甚麼大事。

記者採訪到新聞後，要立刻寫稿。完稿後的新聞，會在各記者的頂頭上司處彙集，經過改稿和對疑點的查證後，下一步為進行編輯分稿。

分稿主要依各報不同的版面規劃進行，通常由分稿編輯把稿件按重要性和性質加以歸類，分送特定版面，這樣做是為了讓讀者有固定的閱讀版面，知道每天在那一版可以看到那些新聞，因此依版面劃分，又有下列新聞版面的分類：

頭版：為報紙第一版，把當天最重要、最有「賣點」的國內外重大新聞或以摘要方式處理的主新聞，在這版表達。

政治新聞版：以政治新聞為主。你可以在這一版上看到政府各部門要做的事、負責監督政府的立法委員對施政的看法及政府官員種種施政和活動。

焦點新聞版：通常為三版，以當天焦點新聞做專題處理。例如，發生大事件、大災難等，會用焦點新聞版做較深入的重點討論。

社會新聞版：大多數為犯罪或災禍新聞，有時也有人情趣味新聞。我們社會有時會發生一些殺人放火或搶劫偷竊等危害一般人生活的壞事，報紙要善盡提醒社會大眾的功能，把這類事情報導出

來。

　　生活新聞版：與大眾生活有關的新聞，如消費、環保、交通、醫藥衛生、教育、觀光旅遊等。

　　財經新聞版：有關財政、經濟、金融、證券、產業、投資理財等新聞。

　　大陸新聞版：中國大陸各地的消息。

　　國際新聞版：世界各地重大事件或新聞，有國際間的政治經濟情勢的新發展，國際現勢的變動，或者國際上有趣好玩或具有人情味的新聞。

　　影視新聞版：電影、電視的相關動態和消息。這一版通常被稱為「軟性新聞」版，報導許多年輕人喜歡的影歌星的動態、拍電影電視劇消息、介紹快上映的電影或電視節目，由於新聞很軟，又有趣味，許多讀者喜歡看這一版。

　　讀者投書版：報紙特別開闢屬於讀者的園地，這版接受讀者來信或傳真，希望讀者藉此在紙上，交換對時事或公共事務的意見。

　　副刊：有生活、消費、文化、藝術、休閒、家庭、旅遊、美食、時尚等不同的副刊版面。表現日常生活輕鬆休閒的一面，讀者可從這些版的內容獲得許多和生活密切有關的資訊，或藝文等追求真善美精神生活的資訊。這部分版面在流行、生活、消費方面，仍有許多新資訊，但是通常採取「專門設計」的特刊形式編排，另外如藝術文化版，內容比較接近雜誌，但還是報紙的一部分。

　　地方綜合新聞版：又稱地方新聞版，報紙為了服務各地方民眾，特別在報紙開闢「地方版」，處理臺北市以外各地的新聞。如北部綜合版，以基隆臺北縣地方行政和社會新聞為主；桃竹苗綜合

版則以桃園新竹苗栗等縣的地方行政和社會新聞為主。另外還按地理區分為中部、南部和東部新聞版。這些以地方新聞為主的版面，一方面使當地讀者不致遺漏自己居住縣市發生的重要事情，還增加看報時「人親土親」的親切感。

四、看報紙看甚麼

在資訊化的現代社會裡，各種活動充滿在我們的生活空間，妥善運用報紙，能使你掌握世間最新資訊，並影響你的決策。

由上面分版方式可看出，報紙上有即時新聞，也有娛樂和各種休閒資訊。你可以用求知的心情看報，也可以用輕鬆的心情看報。報紙設計就像美味可口的「自助餐」，給你主食（如政治、經濟、社會新聞），也會給你副食和甜點（如影劇、電視、藝文、休閒等新聞），由於報紙服務的對象眾多，所以記者和編輯決定刊登那些內容時，希望儘量讓讀者看一分報紙，就能得到多采多姿的「精神食糧」。

在新聞裡面，記者要有尋求與驗證事實的態度，所以善盡責任的報導，講究的是新聞是否正確和簡明。在副刊方面，讀者希望多一點生活趣味和調劑，編輯記者就得時時刻刻絞盡腦汁，每天想著如何帶給讀者新的樂趣和軟性資訊。1945 年夏天，美國紐約市報紙罷工，一位叫伯勒遜（Bernard Berelson）傳播學者進行一項市民讀報調查，希望找出紐約人沒有報紙看的時候，最懷念報紙那些內容。這項調查發現，許多人很擔心沒看報會錯過一些和自己有關的重要新聞，更重要的是，他們會覺得一天不看報若有所失。有人

說：「看報紙可和世界保持聯絡，覺得我在這世上有分。」有人說：「看報已成為生活的一部分。」

也許這次調查最有意義的發現是，看報這種行為已經成為人們日常生活不可分的一部分。這很像古人說的「三日不讀書則面目可憎」，道理相同。

如何使報紙內容有吸引力？一半得看辦報紙的人用不用心，一半得看讀者是誰，有些甚麼特徵。比方說，我們已經知道知識分子愛看報紙新聞多過電視新聞，有些重視經濟新聞，有些重視影劇和影視娛樂新聞，總在滿足不同讀者的要求和喜好。

讀者喜歡看那些新聞？大致可分為三類：第一、新聞發生的地點和主角與讀者接近到甚麼程度。這種接近不一定是實質上的距離，而是新聞對讀者本身和他的鄰居影響如何，例如，大學入學測驗辦法的改變，招生科系的變動等，對高中生的影響大過對大學生，高中生就會比大學生更關心這則新聞；高中校園發生毆鬥，也會使高中生更覺得近在咫尺。

讀者認為事件影響力的大小，也有左右讀者看報的力量。例如，高中生或關心流行趨勢的青少年，對周杰倫、5566 的動態或穿著比成年人更有興趣，但可能有一群讀者可能根本不看這些消息，只關心職棒比賽的結果或職棒明星的動態。

其次是新聞在讀者心目中的大小，也就是這則新聞意義是否重大，情節是否動人。「大小」和新聞發生距離的「遠近」密切相連。臺北市選市長，在臺北人看是新聞，對日本東京的人來說則微不足道。即使同一年齡，願不願意看「大」新聞差別也很大，有些人生來就對政治消息不感興趣，可能只看標題，甚至只看一下新聞

提要就算了；有人只看第二疊報紙的娛樂影劇新聞，但也有一批人只看第一疊報紙上的「大」新聞。

第三、新聞的嚴肅或輕鬆程度。有的讀者喜歡硬性新聞，有的喜歡軟性新聞。硬性新聞也就是內容讀來不好受（如加稅新聞），或者帶有考驗性的新聞（如聯考考題難度加深）。軟性新聞則是當時讀了可讓大家開懷一笑，或掬一把同情淚的新聞，如一場精彩球賽的詳盡報導，看完之後可以叫一聲「痛快」，然後舒舒服服地往床上一躺。

讀者看報總是先找自己喜歡的來看，有人先看國家大事，有人先看社會新聞，想知道前一天社會上有沒有發生甚麼重大災難；有人先看影劇新聞，因為那樣感覺很輕鬆。

近年來在媒介競爭之下，報紙版面增加，但讀者看報時間相對減少，所以報紙無不設法推銷內容，最主要希望讀者看得輕鬆愉快，所以報紙走向輕鬆愉快的跡象很明顯。為了滿足讀者更多消息的欲望，報紙對於重要新聞會做重點處理，甚至可報導比電視還詳盡，另外報紙提供讀者更多輕鬆的消息也比電視容易。由於報紙保存方便，讀者可以隨時隨地看到想知道的消息，也可不拘時間，慢慢品嘗，所以報紙在這點仍比電視廣播占便宜。

五、臺灣報紙的發展與現況

臺灣就像許多國家一樣，有印刷和廣電媒體，報紙本來屬於高度商業化性質，但臺灣早期許多報紙由政府和執政黨擁有，即使民營報紙也有不少掌握在國民黨員的老闆手中，1987 年臺灣有 31 家

報紙，總發行量估計約有 350 萬分。但 1988 年報禁開放後，報紙家數曾增加到 126 家。由於各報發行人把精確發行數字視為內部機密，我們只能經由新聞用紙的消耗量，側面加以估算發行量。

　　民營報紙中，以《自由時報》、《蘋果日報》、和《中國時報》、《聯合報》發行量為前面四大報。《自由時報》為本土色彩較強的報紙；《蘋果日報》則為香港商人黎智英在臺灣創辦的報紙。《中國時報》另有《工商時報》，同屬「中國時報系統」（簡稱時報報系，又稱報團）；「聯合報系統」除了《聯合報》外，還有《民生報》、《經濟日報》、《聯合晚報》、《星報》，海外的還有在歐洲發行的《歐洲日報》、在美國和加拿大發行的《世界日報》、和在曼谷發行的《泰國世界日報》。因此，臺灣這兩大報團的報紙，總的發行量為臺灣最大。

　　《聯合報》創辦人王惕吾先生和《中國時報》董事長余紀忠先生這兩位臺灣本地報業大亨，雖然都已辭世，但在世時，是臺灣傳播媒體最有影響力的人物。整體來看，臺灣報紙市場無論在爭取讀者或廣告，競爭都相當激烈。

　　政府在 1988 年 1 月解除報禁後，報紙張數增加，又准許發行新報紙，之後的三個月內，就出現幾分新報紙，《聯合》和《中時》兩報亦隨之發行晚報，自立報系則出了早報。一分民營的小報——《自由時報》也在這期間迅速擴張，許多地方報紙陸續出現，使報紙競爭更激烈。

　　近年，還出現一些在臺北市捷運沿線發行的免費捷運報；流風所及，聯合報系也出過類似的《可樂報》。為適應多元化社會需求，臺灣報紙慢慢走向發展具有特色的報紙，以滿足特殊對象的興

趣。不過臺灣報紙目前的問題是，報團或財團把持報紙的現象相當明顯，這些報紙由於得天獨厚的條件，擁有最精英的採訪編輯人才，由於激烈競爭，在新聞報導和評論上愈來愈自由，以爭取讀者群。但另一方面，報業商品化趨勢也更加明顯。例如《自由時報》為了促銷，曾舉辦訂報黃金大抽獎，引起許多爭議。

辦報資源可觀，臺灣報業經過一陣兼併整合期後，占市場優勢的仍是財力雄厚、發行量可觀的大報。

臺灣報紙因應開放趨勢，資訊自由化的現象相當明顯，對於臺灣政治民主和社會進步也扮演重要角色。在臺灣社會日趨多元化形勢下，政黨和政府已無法壟斷報紙，雖然報紙受到很濃厚的商業氣息影響，但因為消息來源相當多元化，報紙在許多重大事件和議題上，都各有立場和看法，早期報業所受的政治意識形態框架制約，幾已不再存在。

六、未來的報紙

不過報紙發展是否那麼樂觀，還要看社會大眾喜歡經由甚麼媒體，來獲得重要資訊，以電視能立即帶來畫面和聲音，電視機比以前普及，有線電視更能深入一般人家庭來看，臺灣地區民眾收看電視新聞的比例不會弱於報紙。如果電視果真成為民眾最快速的消息來源的話，那麼，報紙有一天會不會被電視取代呢？報紙會否因應和電視的競爭，而改變新聞內容的選擇和版面設計？

這個問題的答案比想像複雜。過去廣播出現時，就有人擔心報紙會被廣播取代，結果因為廣播報導新聞雖然迅速，但無法深入，

不如看報能得知更詳盡的新聞，所以沒發生令人擔心的事。

　　不過電視可不一樣，無線電視、有線電視、衛星電視和數位（碼）電視都來勢洶洶，而且已深入每個家庭，電視的彩色畫面帶給人臨場感，確實使報紙平面報導新聞的功能打了折扣，也迫使報紙必須在編排概念上做很大改變。

　　近年來由於網際網路快速普及，和二十四小時電視新聞頻道的快速成長，已使報紙閱讀率逐漸下降。報業經營者和新聞工作者也感受很大壓力。

　　另外，由於電腦科技普遍應用，使得報社記者和編輯作業方面便很多，責任也加強不少，報社也在進行數位化的工作流程改變，甚至組織結構也跟著調整。現在當新聞記者一定要學會電腦輸入，因為稿件都要用鍵盤輸入電腦；編輯也直接在電腦上做標題和排版，排版完成後，像沖洗照片一樣沖出一張「版樣」，這張版樣經過檢查沒有甚麼問題，就要送上印刷機印刷出來，成為我們最後看到的成品───一分報紙的一個版。

　　電腦科技簡單易學，變化多端，使得中西報紙近年愈來愈重視版面上視覺的美化，以增加對讀者的吸引力。

　　例如，版面很漂亮、喜歡用很吸引人的彩色照片和圖表的《今日美國》（*USA Today*），就很重視報紙版面設計的美觀和精緻，希望讀者看到的版面，就像百貨公司精心設計的櫥窗般賞心悅目。

　　在求新求變的心理下，報紙不但進行塊狀編排，還包括塊狀採訪、塊狀分版，由於現在社會資訊爆炸，記者和編輯都需要有更好的處理資訊能力，會從電腦檔案中取閱文件、製作圖表、分析文件和數據，電腦的普遍應用，也使記者報導新聞可以更快捷深入。

　　當然報紙基本追求的時效性、正確性和新聞性原則並沒有改變，但已可以利用電腦連線，在網路上發行一天廿四小時都能隨時掌握世界變化的「即時新聞」，也稱為「電子報紙」。許多人認為這已經一種必然的趨勢。例如臺灣發行量最大的報紙都有電子報，《聯合報》系更發展《聯合知識庫》提供線上資料檢索，非常方便，《中國時報》系也提供剪報資料庫，具有類似功能。

　　有人樂觀認為，到公元 2038 年，讀者甚至可以在電腦上取出自己想看的新聞，在家中或辦公室編輯一分屬於自己的報紙，刊載消息都是自己從不同資訊中心挑選的新聞，並透過個人電腦傳送至自己家中，當然這分報紙是彩色的，設計也很精美。

　　更重要的是，這分報紙的意義不僅是一分報紙，還有個人資料庫和檔案的意義，甚至還能把個人行程當成小檔案編入報紙，做為備忘錄。「未來報紙」？「電子報紙」？「個人報紙」？這將不會僅是幻想吧！

　　不是的！美國新聞協會曾在 2000 年開會討論二十一世紀的報紙會是甚麼樣子時，大家的共識是：科技會改變報紙面貌，未來十年內報紙很可能會有新的突破，在照片和新聞呈現上會和現在很不相同。未來多媒體產品將日趨普及，未來報紙必然受科技影響，變成媒體匯流的產物，屆時，說不定記者、編輯角色和工作方式都會改變。

　　不過，在這幅美麗的遠景之外，做為讀者，我們還是要多要求自己所看的報紙具有可信度和專業內容。換句話說，你──身為讀者，才是報紙的真正衣食父母，你有權要求報紙提供你想看的消息，你會影響報紙未來的走向。

　　當你了解自己對報紙的影響力，也明白一分報紙的產生和應該
如何看報紙，希望你能善用報紙，掌握應有的資訊。更重要的是，
你要從報上得到有意義的資訊，做個快樂又充實的讀者。

第三章　認識雜誌

吳迎春

一、為甚麼要雜誌

　　翻開 1894 年 11 月 17 日的《倫敦新聞畫報》（*Illustrated London News*），赫然看到日本人進攻中國黃海的標題，這個後來被中國人稱為「甲午戰爭」的報導中，除了清楚的文字記載，還有英國記者在戰爭現場繪製的整版圖像紀錄，版畫黑白深刻的線條中，展現出日本的改裝軍艦，在中國秦皇島外看來格外森黑有力；另外，也目睹戰爭中疲憊不整的中國軍隊，在面對日軍黑色槍砲時的驚恐，更從封面並列的西洋裝扮明治天皇與傳統清裝光緒皇帝的安排中，看出西洋人對這場東方之戰誰贏誰輸的原因分析。這場戰爭，改變了自唐朝以來日本處處以中國為師的「華夷秩序」，這場戰爭更讓臺灣從此遠離祖國達半世紀，成為徘徊在殖民與獨立間的孤兒。

　　同一本《倫敦新聞畫報》，我們還可以看到十九世紀英國紳士板球賽的揭曉、如今看來簡陋的新型飛機「Maxim's Flying Machine」與大洋洲土著的生活紀錄。

那一年,《倫敦新聞畫報》已經創刊五十二年,這本人類史上最早發明的「雜誌」,一開始就凸顯了自己跟其他媒體的不同:連續整版的圖畫,加上結構清晰、故事完整的文字,完全不輸今天用精密儀器捕捉下來的瞬間光影,也完全掌握瞬間即從眼前流散開來的歷史洪流。整整一百年後的一個普通臺灣人,就能站在這一幅幅歷史前,重新進入當時的臺灣處境,更在多面向的報導中,衡量出當時臺灣對中國的意義,與當時中國在世界的定位。

這是十九世紀的雜誌,因為中產階級隨著工業革命迅速興起,報紙這種每天出版一次的媒體,已經不能滿足對世界有著更多好奇的新興有閒階級。他們需要比報紙更完整的報導,他們需要在工作後,悠閒地坐進鬆軟的沙發,捧起白蘭地或雪莉,更深入地、更有結構地、更全面性地走入問題,走出國界。雜誌的需求迅速成長。

二十一世紀的臺灣,有人會問為甚麼還要雜誌?

報紙每天出版幾十張,有線電視每分鐘從全世界捕捉各種事件的現場到觀眾眼前,電腦資料庫網路更隨讀者指尖的速度提供所需要的資訊,一切都這麼全面,一切都這麼迅速,為甚麼還需要雜誌?

但是,雖然電子書的成長驚人,雖然也有電子雜誌的出現,不過美國賣得最好的雜誌,幾乎在書店都搶不到的雜誌,卻經常是報導有關電腦資料庫網路的《連線》雜誌(*Wired*)。同樣的,根據國內媒體閱聽調查權威 SRT 的數據顯示,1993 年臺灣閱聽率成長最大的,除了有線電視之外,就是雜誌,其中月刊成長六個百分點,周刊成長四個百分點。與此同時,報紙與電視的閱聽率卻呈負成長,跌幅達三至四個百分點。有線電視的閱聽率則成長驚人,達

十三個百分點（這是因為有線電視的基數原先就比較小）。

　　我們究竟為甚麼需要雜誌？

二、誰的雜誌

　　十九世紀雜誌的興起，來自新興中產階級的成長，以及他們對當時不斷變化的社會階級，發出改革要求的政治熱潮──雜誌是除了報紙之外，對這股政治熱潮進行分析、檢討，甚至慰藉的媒體。1840 年代一本接著一本在歐洲創辦的雜誌，如巴黎《畫報》（ L'illustration ）、來比錫的《圖文新聞》（ Die Illustrierte Zeitung ）、美國的《哈潑周刊》（ Harper's Weekly ）和《范尼士里畫報》（ Frank Leslie's Illustrated Newspaper ），甚至西班牙的《畫報》（ La Ilustracion ），都與這股社會改革相關的政治熱潮有關；當然，這些雜誌也為這一群新興中產階級的特殊政治觀點發聲。

　　可見雜誌除了提供資訊外，要更進一步站在讀者的處境，提出適合他理解程度的分析，也要站在讀者的角度，說出他們心中未說出、或不知如何說出的心情。

　　這個趨勢在二十世紀末更加明顯。1993 年行銷暢銷書《爆米花報告》指出：九〇年代消費者渴望買的是「自我」，這種「人人為自己」（Me-ness）的宣言是以自我主張為核心的。

　　在這種趨勢下，媒體的改變更加明顯。以報紙與雜誌兩種媒體的消長為例，報紙是大眾文化中，最不個人化、生命最短暫的媒體。它不個人化的程度，可從我們在公眾場合讀它的方式看得出來，如果有陌生人在公車上瞥眼來看我們手中的報紙，或許我們還

不介意，但是我們往往沒有辦法容忍別人隔肩轉頭來看我們手中的雜誌。原因當然是因為雜誌的內容較深入，更能表達出自我的選擇，就像我們在書報攤上選擇雜誌時，我們同時也在表達自我。秘密訂購郵寄到家的雜誌，是更個人化的自我宣言，因此雜誌市場的區隔日益分眾化。

《爆米花報告》中就指出，這個分眾的趨勢，甚至讓有廣大讀者群的《時代周刊》（*Time*）和《新聞周刊》（*Newsweek*），也正急起直追地進入「自我主張」的市場。例如，《時代》雜誌開始用特刊將訂戶的姓名印在雜誌封面上，讓讀者覺得這本雜誌是他的專屬。《新聞周刊》甚至針對不同型態訂戶的不同興趣，設計不同的廣告。

專為少數人興趣而發行的雜誌更是大行其道，鎖定年老、退休人士為主要市場的《現代成年》（*Modern Maturity*），銷售量達2,250萬分（相當於臺灣地區人口），而獨占美國雜誌界的鰲頭。市場定位在為愛貓人、健身愛好者、專在地下室種盆栽的人而服務的雜誌更是數不勝數。在愈來愈少商品能同時滿足所有人的時候，這類少量、供特殊品味及特殊需求的雜誌，反而有驚人的讀者群。

在臺灣，雜誌的興起也充分反映了以上這些轉變，從民國五○年代的《大學雜誌》、六○年代的《綜合月刊》、到七○年代的《天下雜誌》，都充分反映當時社會成員的主要關切。八○年代之後，專為棒球、買車、理財、園藝⋯⋯需求而成長的雜誌更不在少數。也充分反映臺灣媒體消費的分眾趨勢。

另外，當資訊繞著地球跑的速度愈來愈驚人，每個人每天必須暴露在完全無可抵擋的資訊浪潮中時，躲藏就成了人類心情上的需

要。為了逃避資訊轟炸而出現的所謂「繭居族」，不但完全不願透露自己的地址，以防各種推銷郵件的無孔不入，更嚴格控制自己的資訊來源，只接收自己喜歡的資訊。雜誌更必須嚴格控制自己說話的語氣與方式，因為眼前的讀者已經變得易怒、挑剔、而且不耐。同一種訊息，必須用不同的方式說出，針對令全國擔心的毒品問題，老年雜誌需有批判的語氣，青少年雜誌則需有同情的語氣。

　　八○年代初興起，威脅傳統青少年雜誌《十七歲》（*Seventeen*）、《女士》（*Mademoiselle*）的新雜誌《拉風》（*Sassy*），就靠懂得用青少年的語言，說出他們心中的問題，而令人刮目相看。《拉風》總編輯在 1990 年的世界雜誌年會中指出，她最感謝《拉風》創辦人的，就是僱用了像她這樣二十出頭的人，擔任總編輯及編輯，她說：「因為唯有像我們這樣剛剛走過青少年的人，才懂得他們的問題，懂得用他們的語言與他們溝通。」

　　所以，要問在電子資訊爆炸年代中，為甚麼還要雜誌時，還不如問是誰需要雜誌？

三、雜誌的主題

　　雜誌的主題通常是決定成功與否的條件。

　　雜誌的特性，除了為符合特殊讀者的需求而存在之外，更在於它的出版時間比報紙長。因此讀者期望雜誌的，決不光只是提供資訊，而是分析資訊後面的意義，是一種思考後的角度。所以不論是政經雜誌、流行雜誌、甚或只為少數特殊興趣的人出版的雜誌，都需有自己對資訊的特殊處理方式與風格，才能區隔於以量取勝的報

紙。

以人人關心的環保問題為例,在報紙大篇幅的資訊引介之後,讀者期待從雜誌獲得的是,這樣的事實背後有甚麼趨勢?這樣的熱潮又將給自己的未來帶來甚麼影響?自己應該在這樣的趨勢下採取甚麼應對之道?

若是翻開財經雜誌,讀者會好奇未來臺灣經濟與環保之間的拉鋸,究竟會帶給臺灣經濟成長甚麼樣的衝擊,與目前的企業應如何面對這樣的衝擊?若是讀者翻開政治雜誌,就會期待看到究竟時下的環保運動,將對未來臺灣政治力的流轉帶來甚麼新局面?也會好奇究竟誰是這股政治熱潮的獲利者?

流行雜誌則當然是分析環保新浪潮對時裝、用品及生活方式將帶來的影響,甚至晨跑,雜誌都會分析在污染的環境中應該如何裝備自己?

這樣的推演可以無窮盡的發揮下去,但是我們可以清楚的看到純資訊已經不是雜誌的重點,分析資訊以勾勒出眼前處境的路徑,思考推演出這些路徑的未來,都是雜誌的工作。

當然,在主題的選取與處理中,最能顯出雜誌主觀的立場。這是雜誌與一般新聞媒體另一個較大的不同。

雜誌不僅是文字、標題上能表達編者的主觀,更能在圖片與版面的編輯上,凸顯自己的看法。以前述《倫敦新聞畫報》為例,針對 1894 年的那場東方之戰,編者故意凸顯明治天皇雄偉的西式裝扮,與光緒皇帝文弱的傳統清裝,就已經在針貶這場戰爭成敗的根源。

在激烈批評與溫和建議的立場擺盪中,雜誌主題與觀點的選擇

標準，則在是否有責任感。法國著名時事評論家雷蒙阿宏（Raymond Aron），在討論知識分子對社會的責任時指出，媒體在批評時事時，最應先回答的問題是：「要是你當了部長，你怎麼做？」因為，若是對批評的主體尚未充分了解，對眼前的狀況與處境尚未做較完整的思考，則任何形式的批評或建議都將流於謾罵。

　　曾任法國《費加洛》報（Le Figaro）社論主筆的雷蒙阿宏，批評法國知識分子並不能掌握事物的經緯，更不願積極思考倘若自己是執政者，可以作何種具體改革。「他們（知識分子）認為那些都是技術人員、技術官僚的事。他們只一逕批評我們的政體績效不彰（其他政體也很少理想的），他們渴望能有一種解決辦法來造出大同世界。他們雖然對如何抑制通貨膨脹或德國再武裝等問題，都有自己的見解，但是這些見解基本上是命令式，或是從學理、公設而來，而非從情況的分析中得到」，法國精英學校「法國高等綜合科技學院」出身的雷蒙阿宏，指出法國知識分子不負責任的批評時，展現出驚人的洞見。

　　雜誌主題的選擇除了吸引讀者外，還有負責任地提出解答的任務。這當然也是雜誌有別於其他媒體的特性。

四、雜誌的特殊寫作技巧

　　雜誌出刊永遠慢於電視、廣播、報紙，當然還有電腦。即使是今天，人們在拿起一本雜誌時，90% 以上的機會，他都是把自己安排在舒適的座椅甚至床上，在一天的結束或中間的休息，正在吃飯或準備茗品特殊飲料。在這種情境下，他已經經歷晨間新聞與報

紙頭條的猛烈轟炸，他甚至還在工作或學校中遭到完全無法忍受的不順心，他還可能已經處理過身邊煩人的瑣事，這個時候的讀者，當他捧起手中的雜誌時，期望從字裡行間看到的，已經不是煩瑣又未加處理的資訊，也不是板起臉孔的說道，而是有趣、驚人、容易且不帶激怒他字眼的故事或分析。這個時候，他要的是簡單明瞭、清新悅人的寫作。

雜誌寫作甚至編排，都應該有這樣的基本特性。

即使雜誌需處理的主題是複雜且嚴肅的，這樣的特性仍然應該具備。因為雜誌又與出版期更長的書不相同。讀者在面對書時的心情，比面對雜誌時更嚴肅，且更有耐性。於是如何處理讀者閱讀雜誌時的這種心情，就成為雜誌寫手的生存要件。

從頭到尾掌握住清楚的主題，是雜誌寫手的第一件武功。既然讀者的心情已經全然放鬆，他們的思慮是浮游的，是不具組織的，也是容易迷失的。而雜誌寫作的企圖是完整交代事件或故事全貌，並從中分析對讀者有利的資訊，因此如何藉寫作建構一個吸引人且不易迷失的地圖，就是雜誌寫手的主要職責，也才能充分掌握住游離且易睡的讀者。

語言的清楚與簡易，對雜誌寫手來說是比報社記者的要求更嚴格。

避免難懂的專有名詞與深奧的理論用語，尤其是幫助讀者不打瞌睡的重要工具。

不時加上有趣的小故事與情節，也是有利閱讀的小技巧。

從有趣的閱讀來說，新聞寫作的倒金字塔處理原則，將最重要及最有趣的故事或情節往前放，對雜誌寫作一樣重要。

　　因為雜誌出刊的特性，加上讀者與雜誌互動的特殊狀況，雜誌寫作不是純新聞寫作，也不是文學創作，更不是學術論述，而是帶著強烈溝通使命的雜誌寫作。這當然也是雜誌有別於其他媒體的另一種特性。

五、未來的雜誌

　　隨著資訊科技的發展，資訊傳送的速度已經以億萬分之一秒進行，雜誌未來的形式將會有相當大的改變。

　　電子雜誌將是其中之一。這種結合新聞、攝影、聲音與電腦的新科技已經在許多國家掀起驚人的出版風潮。《時代雜誌》、《新聞周刊》的電子版已經可以在臺灣買到。早在 1993 年時，世界電子出版的規模已達五十億美元，這個數目，一定如雪球般愈滾愈大。

　　美國是電子雜誌出版這個趨勢的先峰。除了已有五十本以上定期以磁碟方式出現以外，更有以介紹雜誌內容為內容的「電子報攤」（Electronic Newsstand），將雜誌的形式，帶上全球超過兩千五百萬使用者的超級網路系統「網際網路」（Internet）上。

　　除此之外，針對海洋生態、管理、音樂、藝術等主題出版的電子雜誌，也將對人類未來的溝通產生影響。一位製作電子雜誌的編輯指出，因為讀者不可能像閱讀印刷媒體一樣，盯著電腦螢幕閱讀，因此在電子雜誌上說故事的方式將完全不同，譬如，寫作者最好非常快速地進入主題，以往運用文字塑造氣氛的寫作方式，就很可能不合時宜。這些溝通方式的改變，對未來一般人的溝通是否會

產生影響，亦是新式電子雜誌值得探究的主題。

　　雖然表達的方式會有改變，雜誌呈現的媒體會有不同，但是雜誌深入報導、全面觀照的特性，相信仍將隨著它歷史的使命，歷久不衰。

第四章　認識廣播

侯志欽

一、廣播源起

廣播（radio）又常稱為無線電，其方式是將聲波轉為電波，再透過無線電波傳送，向群眾廣為傳播。

十九世紀中期，摩斯電碼、電報及電話相繼發明，開啟了有線傳播時代。這些媒體透過線纜將訊息傳向遠方，提高了傳送的速度和廣度，成為政府機構、軍事單位、工商行號及傳播業者的溝通利器。然而當時有線媒體僅能點對點傳送，且線纜未到之處即無法提供服務，故而，直到 1895 年義大利科學家馬可尼（Gulielmo Marconi）運用無線電波傳送訊息，才開始了無線電傳播的新紀元。

無線電波的研究也開始於十九世紀中期。1864 年英國人麥斯威爾（J. C. Maxwell）以物理學家法拉狄（M. Faraday）等人的學說為基礎，提出電磁場動能理論（Dynamical Theory of the Electromagnetic Field），他認為電磁以波（wave）的形式在大氣中前進，其速度與光相同。

　　1886 年德國物理學家赫茲（H. R. Hertz）將電極通電，產生高頻電磁波（75MHz），並在數呎外成功接收，首度證明無線電波（electromagnetic wave）的存在，並且發現電磁波具有穿透性以及處在極高頻時具有反射性。

　　赫茲之後，英、法、俄等國科學家持續實驗，並發明無線電檢波器，可接收及放大無線電波，並從中檢出音波。根據電磁波原理，交流電在導線中流動便可產生電磁能量，並輻射出無線電波；導線中電流愈強，則無線電波的功率（power）愈大。電流每秒鐘變換的速率，決定無線電波的頻率（frequency）——電流每秒波動達三萬次以上（30,000Hz），即可產生無線電波。無線電波靠著電波彼此推動向外傳送，其速度與光速相同，每秒為 186,000 英哩，就地球表面距離而言，可視為瞬間同步。

　　1894 年起，馬可尼在義大利進行無線電波實驗，除了印證赫茲的發現外，並自行裝設無線電發射機及接收機從事波長實驗，經過反覆測試及延長發射距離，1895 年馬可尼認為實驗已經成熟，於是將其發明向義大利政府申請補助，在遭到拒絕後，轉向英國申請專利。1897 年 7 月終於獲得專利許可，並在英國郵政局（British Post Office）工程人員協助下進行實驗，其傳送距離由前之 3 哩，大幅度增加到 34 哩。

　　1897 年馬可尼成立無線電波公司，1899 年馬可尼赴美以無線電報導美國盃賽跑，在美國取得專利，並於紐澤西成立美國馬可尼無線電報公司。

　　1901 年 12 月 15 日，馬可尼運用無線電波，成功地把字母"S"由英國薄瀦（Poldhu）傳至大西洋彼岸的紐芬蘭（Newfoundland，

今日美國東岸），此一劃時代成就喚起舉世重視，並使無線電實用化綻露曙光。

　　除了傳送電報之外，無線電波在二十世紀初期開始做播音試驗（radiotelephony），雖然接收音質不佳且設備昂貴，一般大眾卻十分感興趣，並稱之為"radio"，而業餘的無線電便用者亦漸漸增多。

　　第一次世界大戰結束後，實驗性無線電廣播電臺相繼出現，1909 年美國加州聖荷西的赫洛教授（C. D. Herrold）向附近居民播出新聞及音樂，是世界第一個正式播音的電臺，1910 年起該臺固定播出節目，其妻子也擔任音樂節目播出，可稱是歷史上第一位女性 D.J.。

　　1917 年美國威斯康辛大學麥迪遜分校教師及學生，以自製器材播音及播放音樂，並在 1922 年正式取得呼號，以"WHA"電臺進行廣播。

　　世界第一座商業廣播電臺，則是 1920 年由西屋公司（Western House）康納德博士（Dr. F. Cornad）和其助理工程師，在匹茲堡設立的"KDKA"電臺，該臺播出唱片音樂並為唱片行做廣告，並且因迅速播出美國總統選舉結果，而喚起更多聽眾對廣播的興趣，由於聽眾人數漸多，該臺的節目便開始固定播出，並成為歷史上第一個僱用專職播音員的電臺。

　　由於"KDKA"電臺的成功，美國無線電公司（RCA）、奇異電子公司（GE）及美國電話電報公司（AT&T）三大電子公司與其結盟，分工進行收音機、廣播發射機的製造及銷售，而各公司也分別在各大都市繼續設立電臺。1922 年 AT&T 所設立的電臺，接受其他公司以購置時段方式，支持節目製作及進行商品促銷，獲得良

好利潤。此後投入廣播市場者日益增加，促成廣播事業迅速起飛。

二、我國廣播事業發展及其現況

廣播事業在歐美開始發展之後，亦在外商引進下迅速傳入我國，民國 11 年 12 月，美商歐斯本在上海開辦中國無線電公司，並在大來百貨公司設立中國第一座廣播電臺，電力 50 瓦特，其後陸續有其他外商在上海設臺廣播。

民國 16 年 5 月 1 日，國民政府交通部設立交通廣播電臺，是我國第一座公營電臺，除播音外還可以拍發電報，每天播音七小時，採收費制。

民國 16 年 10 月，上海新新百貨公司設立廣播電臺，每天播出娛樂節目及該公司廣告共四小時，是國人設立的第一座民營電臺。

民國 17 年 1 月，東北地區設立了遼寧廣播電臺及哈爾濱廣播電臺，同年 8 月 1 日中國國民黨籌設的中央廣播電臺正式開播。民國 21 年 1 月 12 日，裝設 75 千瓦中波發射機，成為東亞發射功率最大的電臺，不但全國各地都能收聽，即使日本、菲律賓、紐西蘭等地也在電波涵蓋範圍之內。

民國 25 年 1 月，中央廣播事業指導委員會成立中央廣播電臺，改稱中央廣播電臺管理處，當時全國已有公民營電臺共 76 座。抗日期間，娛樂取向的商業廣播事業發展受阻，但在激勵士氣團結民心方面，則扮演重要角色。

民國 35 年，中央廣播電臺恢復在南京廣播。民國 36 年施行憲政之後，中央廣播電臺改組為中國廣播公司。

　　臺灣在日據時期設有臺灣放送協會，並在臺北、板橋、臺中、嘉義、臺南、花蓮設有放送局。民眾須向放送協會辦理收音機登記並繳交月費才可收聽。

　　國民政府遷臺初期，廣播電臺僅有公營的軍中電臺、空軍電臺及民營的民本電臺和中廣所轄的七個分臺。經過四十餘年的經營，至民國 82 年為止共計有依法設立廣播機構 33 家，其中軍公營為 12 家，民營為 21 家，發射機 435 部，發射功率總計 16,596.5 千瓦特。

　　民國 57 年 7 月 31 日，中廣臺北地區調頻臺正式播音，使我國廣播進入調頻時代，並設立臺中、高雄、花蓮等調頻分臺，其後調頻廣播臺逐漸增加，計有中廣、漢聲、警廣、教育、復興、臺北、高雄市政及英語之臺北國際社區電臺（ICRT，前之美軍電臺）等等。

　　民國 49 年 3 月 29 日，以實施社會教育及製播教學節目為宗旨的教育廣播電臺開播，是我國第一家專業廣播電臺。民國 60 年 3 月 1 日，由警察廣播電臺分支成立的臺北交通電臺，以及民國 73 年 1 月 7 日正式播音的臺灣區漁業廣播電臺，也發揮了現代廣播電臺市場區隔分眾服務的特性。中廣在民國 62 年 8 月，在臺北設立新聞專業電臺，63 年 8 月成立臺中交通專業電臺，64 年起在臺中設立農業專業電臺，並在民國 70 年代開始調整電臺定位，將其所擁有的龐大廣播資源以流行網、音樂網、新聞網、青春網及農業網進行節目製播。

　　"ICRT"以社區廣播電臺為名設立，但擁有全省轉播網路，由於善用商業電臺的經營策略，在電臺開放申請前廣告業務名列前

茅。

民國 79 年，新聞局組織廣播電臺評鑑小組，針對廣播電臺的
人事結構、行政組織、經營計畫、節目製播、財務結構、工程設
備、業務推展、廣告管理、人才培訓等項目進行實地訪視及評鑑。
各大專院校廣電及傳播科系亦舉辦廣播事業研討會，對廣播事業經
營現代化之途徑進行探討。

民國 82 年至 90 年 6 月間，政府以十個梯次開放廣播頻率供社
會大眾申請設立電臺，在審議委員會審查及面談後，共有 151 個申
請案獲準籌設，並陸續展開營運；這些新電臺的出現，為我國廣播
事業帶來嶄新的局面。

三、現代廣播電臺發展趨勢

㈠類型電臺（Format Station）興起及發展現況

類型電臺興起於 1940 年代末期，雖然當時無線電廣播是一般
民眾最為重要的娛樂及訊息來源，但是面對發展迅速的電視，許多
廣播業者已感受到強大威脅，具有先見之明的業者倡言廣播事業必
須預作因應，以面對未來的生存競爭。

當時廣播電臺多為綜合電臺，節目包羅萬象，而以新聞、音
樂、戲劇及綜藝節目為主要內容。電視興起之初，其節目製作常引
用廣播節目概念，許多節目有如加上圖像的廣播，兩者區隔並不明
顯，電視業者發現此一問題後開始創造新節目型態，並且強化電視
節目的影像表現，此一策略充分發揮電視的媒介特性，開啟了電視

時代，也對廣播事業造成重大打擊。備受壓力的廣播電臺亟思有所突破，但挽回廣播事業頹勢的類型電臺卻是無心之柳。

　　「現場大舞廳」（Make Believe Ballroom）是當時紐約"WNEW"電臺頗受歡迎的樂團現場演奏節目，某次因樂團臨時不克到場，主持人白朗克（M. Block）情急之下以選播唱片音樂代替，不想卻引來聽眾好評，因此便成為常態節目。這種節目由 D.J.（Disc Jockey）主持，選播排行榜流行歌曲大受聽眾歡迎，而形成廣播節目新風潮，並在全美流行開來，隨後並產生專播這類節目的流行歌曲排行榜（TOP-40）電臺。這類電臺不但迅速普及，也刺激其他電臺重新調整定位，創造新的電臺類型，也開啟了類型電臺的時代。

　　經過數十年的發展，現代類型電臺，主要分為音樂類型電臺與新聞及談話電臺兩大類，其中，音樂類型電臺，由於能吸引大量聽眾，是目前商業電臺的主流。音樂類型電臺則依其電臺特性，而分別播放鄉村歌曲、搖滾樂、懷舊音樂、古典音樂、優美流行樂或重搖滾重金屬音樂。目前主要的音樂類型電臺包括：

Adult Contemporary	成人當代電臺
Album-Oriented Rock	搖滾專輯電臺
Contemporary Hit Radio	當代搖滾電臺
Urban Contemporary	城市當代電臺
Soft Rock	輕搖滾電臺
Classic Rock	搖滾金曲電臺
Country	鄉村音樂電臺
Jazz	爵士樂電臺

Beautiful music/Easy listening	優美音樂電臺
Classical music	古典音樂電臺
Black	黑人音樂電臺
Latin	拉丁音樂電臺
R&B	節奏藍調電臺

在西方國家，成人當代電臺及鄉村音樂電臺是聽眾人數及電臺數最多的電臺類型。

除了音樂類型電臺之外，節目品質優良的新聞及談話電臺，也有相當高的收聽率，經營策略成功的電臺還可能有良好的利潤。

㈡現代廣播節目策略及節目製播方式簡介

現代廣播節目策略是以市場調查及聽眾研究為基礎，在現有電臺之間尋找市場利基（Niche），並根據電臺人員能力、工程特性、節目來源及財務狀況，進行電臺定位，選擇最佳電臺類型。確定電臺類型之後，根據目標聽眾之需求及生活型態，制訂節目時段策略，再進行節目細部規劃。電臺類型設計流程如下：

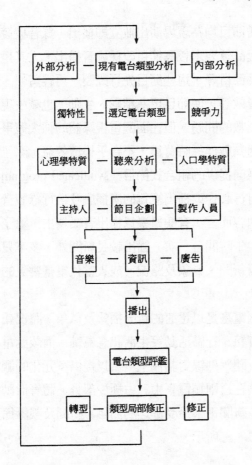

　　節目排檔必須與聽眾生活作息緊密結合，並提供符合其需要的資訊或娛樂，節目進行方式及節奏須契合聽眾之身心特質與聆聽情境。現代廣播節目主持人的播音必須符合電臺特色，並將節目內容作自然而流暢的銜接，以吸引聽眾。

　　類型電臺興起之後，廣播節目製播內容及方式均產生重大變

化，早期廣播節目均為現場演出並立即播出，錄音機發明後，許多
對內容及工程品質要求較高節目改採錄音播出，尤其是廣播劇、音
樂節目、綜藝節目等，這些節目先行錄製，再經剪輯、修飾音色、
配樂或加上音效等，使節目更為精彩、生動，也減少現場播出發生
錯誤而無法補救的問題。但在面臨電視媒體的強大競爭之下，複雜
的廣播節目因為製作耗時費錢，不合乎經濟效益，除了大型聯播網
及由節目供應商提供的組合式節目（syndicated program）之外，類
型電臺不再自行製作或播出複雜的廣播劇及自行錄製音樂的節目。

就節目內容而言，音樂電臺以播出音樂為主，除了在重要時段
（如上午、中午時間各一次）播出較長新聞外，多半只在整點或半
點播出五分鐘新聞、氣象及路況。成人當代電臺常見的節目型態如
圖一所示。

至於新聞電臺是以迅速的新聞播報及氣象、路況報導為主，以
豐富的財經資訊、社區活動等生活訊息為輔。而談話電臺則以熱門
議題的辯論及聽眾熱線對話為主，藉以提供多元化的觀點及建立公
共論壇，音樂在這兩類電臺中只占極少部分。體育活動報導及實況
轉播則是許多新聞電臺最受歡迎的節目。新聞及談話節目常見的節
目型態如圖二、三所示。

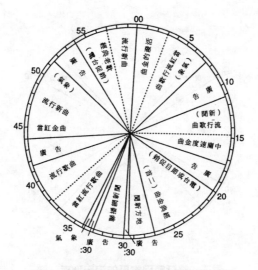

圖一　成人當代電臺常見節目型態一覽

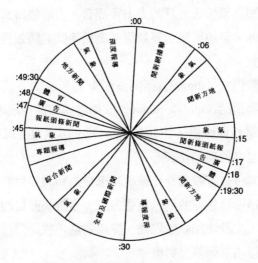

圖二　新聞節目常見的節目型態一覽

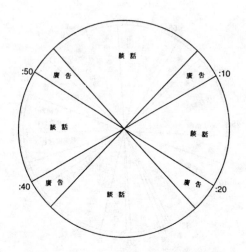

圖三 談話節目常見的節目型態一覽

廣播新聞必須投入大量的人力及經費，方能維持新聞的正確性及品質，此外，目前新聞電臺為發揮廣播新聞的時效性和機動性，採用下列方式：

1.建立數位式（digital）新聞資料庫。

2.以行動電話（mobile phone）或衛星連線進行現場報導。

3.運用電話連線器（如 telereport），透過電話線路連線，建立活動錄音室進行現場訪談。

4.運用數位錄音設備及光纖網路來提高新聞節目的音訊品質。

現代廣播節目製作的另一重要方向，是提高節目的互動性與收聽率，因此，大量增加歌曲點播、熱線對話、收聽節目有獎徵答等各種活動，以增加聽眾參與機會。

廣播節目製播是充滿挑戰和壓力的工作，節目製作及主持人必

須在有限的時間內，完成主題選擇、資料蒐集、撰稿、採訪、剪輯、錄音、播音等工作。編制精簡的節目所有前置準備、節目錄製及播音工作，均由一人獨立完成。

(三)廣播科技的發展趨勢

就節目製作設備而言，音訊處理的數位化是必然的發展方向。

1982 年雷射唱片問市以來，已取代傳統唱片成為主要的節目音源，而數位錄音帶（DAT）、迷你光碟（Minidisc, MD）由於音質優異，剪輯轉拷無失真，且因體積輕巧、操作人性化，在許多電臺中取代了卡式及盤式錄音機，目前 MP3 錄音設備也逐漸成為採訪用重要設備。

此外，電腦化製播系統，已在世界觀念先進的廣播電臺中使用，此系統是以電腦軟體及大容量的音訊儲存裝置（如硬碟）完全取代混音機、錄音機及唱盤，所有節目資料包括新聞稿、劇本、訪問錄音、音樂、音效、片頭、片尾、廣告、臺聲、臺呼等，均預先輸入儲存，節目製作時再依索引或編號選用，由於訊號完全數位化，可做到最精確的剪輯，節目製作不需使用磁帶，節目完成存入硬碟之中，並可設定播出時間完全自動播出，此一系統操作十分人性化，製作人員可將時間充分用於創意工作上，是廣播節目製播的一大革命。

在節目播送方面，除了調幅（AM）及調頻（FM）廣播之外，歐美國家已推出三種數位廣播系統，包括歐規 Eureka147，或 Digital Audio Broadcasting（簡稱 DAB），以及美國的 IBOC 及法國的 DRM 三種可見。

調幅廣播使用中波頻率，以地波及天波傳送，又因波長較長，較容易跨越地形障礙，但也因易受天氣及靜電著音影響，且頻寬較窄（僅有 5000Hz），音質較差。我國調幅廣播使用頻率為 540－1600KHz。許多國家（如美國）嘗試以調幅立體化（AM Stereo）來改進音質，我國亦曾由中廣進行試播，唯並未充分推廣。

調頻廣播使用短波頻率，以直線波傳送，故易受地形阻隔，都市地區高樓林立更容易影響收訊品質。調頻電臺由於頻寬較寬（20,000Hz），且採立體聲播出，音質良好，適合播送高品質音樂節目（我國調頻廣播目前使用頻率為 88－108MHz）。

數位廣播是將音訊完全數位化再加以傳送，不論採用有線或無線方式，傳輸過程訊號品質完全無失真，採用頻道壓縮技術後，現有無線電頻譜可容納的頻道大為增加，並可傳送文字及圖形，將成為空間更加寬廣的媒介資源。民國 89 年起交通部正式公告進行數位音訊廣播（DAB）試播實驗，設備廠商也開始生產 DAB 接收機，持續推動廣播數位化。

四、廣播仍擁有「一片天空」

由於收音機的普及與輕巧方便，廣播已成為最親切的個人化媒體，更由於廣播節目製作較為容易，且能發揮高度的時效性，廣播仍能在傳播科技日新月異的時代，繼續擁有一片天空，未來廣播事業必須準確掌握聽眾需求，靈活運用節目策略，使用現代化製播設備，方能維持競爭優勢，並達成製播優良節目，服務大眾，善盡媒介社會責任之目標。

第五章　認識電影

盧非易

一、電影的誕生

燈光漸漸暗下來，布幕緩緩拉開，現在讓我們一齊進入十九世紀初，電影將要出現前的世界。

那是 1824 年，一位英國學者兼物理學家洛格特（Peter Mark Roget）發表了一篇關於視覺暫留的文章，從此開始了人類追逐電影的夢。洛格特的發現提醒人們，只要在極短的時間能快速出現一連串的圖片，人眼就會相信這是一個連續動作的影像。根據這項理論，許多視覺玩具被發明出來，例如，留影盤（Thaumotrope），這是在一片圓紙盤上畫一只鳥籠，在紙盤另一面畫一隻鳥，快速旋轉紙盤時，我們便看見一隻飛鳥關在鳥籠裡。

這個今天看來相當傻氣的玩具，卻提示了電影構成最重要的本質，即靜止的圖像能變成活動的影像。然而，這些有趣的玩具，如果沒有照相術與底片的適時出現，仍然無法進步成為今日的電影。

1822 年，尼斯（J. N. Niepce）發明了照相版，很快的，照相便成為大眾風行事物。十幾年間，光是巴黎一地，每年就拍出五十

萬張相片。而普雷替爾（J. A. F. Platear）是第一個將照相術與視覺暫留原理結合起來的。他發明的映像管（phena-kistoscope）可能還相當簡陋，但已為電影的產生提出一種構想。

到了 1877 年，一群無聊閒人的打賭，將電影的誕生更推進一步。那是當時紐約的一群富人為了想如道馬跑步時，是不是四腳同時離地，而請來一位叫穆布瑞吉（E. Muybridge）的英國人替他們設法解答。穆布瑞吉在跑場上設立二十四架照相機，馬跑過時自動引動照相機，就這樣人類記錄連續動作的工作開始了。另一項接近電影的發明，則是法國人馬瑞（E. T. Marey）的「照相手槍」（Photographic Revolver）。在這手槍裡，槍管裡面是鏡片，彈筴裡則是一串膠捲。

就這樣，我們晃過了大半個世紀，到了 1895 年。這一年的 12 月 28 日，巴黎一家咖啡店的地下室裡，一對兄弟將他們所製作的影片正式放映給觀眾欣賞。許多電影史家將這次的放映視為電影的誕生，而這對喚作盧米埃（Lumiérè）的兄弟也就成為電影的創始者，當時參加這場人類電影首映的觀眾據稱有卅三人。

大西洋彼岸的美國人對以上的宣稱，多少不表同意，依他們的看法，愛迪生（T. A. Edison）在 1889 年早就發展了電影的雛型，稱作影像放映管（Kinetoscope）。

愛迪生對電影感興趣，那是非常自然的。當他成功地將聲音記錄下來後，很快就想到了將影像也記錄下來。在他的構想裡，應該會有一種辦法，能在唱片這樣一個圓盤（或圓鼓）上同時記錄聲音和影像。他把這個構想交給助手狄克遜（W. L. Dickson）發展。然而，光學轉電學的技術在此刻仍未成熟，而伊斯曼（G. Eastman）

又適時推出賽璐珞（celluloid）底片，使光學轉化學顯得更為容易。因此，狄克遜修正了愛迪生的想法，將影像拍攝在底片上，因此便出現了影像放映管。

一百年後，我們再重看這段故事，會發現在那歷史的分歧點上，在兩個人（盧米埃兄弟）的靈機（從光學轉成化學；亦即，從照相鏡頭到光感底片）一動裡，一項新的傳播媒介（電影）出現了，並且迅速成為人類傳播藝術史上的燦爛新星；而在歷史的另一條分歧路上，另一種構想（從光學轉成電學；亦即，從攝像鏡頭到光電管的電子訊號），仍將繼續近半世紀的寂靜，直到 1946 年電視的正式面世。至於當年愛迪生的構想（類似今日的錄像概念）則更晚至六〇年代錄影帶技術發展成功，才算真正的實現。

愛迪生的發明和盧米埃兄弟的製作還有一大不同，它不是投影出來供許多觀眾同時欣賞的；相反地，它像一臺一臺的西洋鏡箱，人們各自透過鏡窗觀看裡面的片段。在商言商，這樣的設計是非常正確的。因為，生產者可以賣出大量的鏡箱設備，然後繼續販賣那源源不斷、一捲又一捲的影片（類似光碟機與光碟片）。然而，歷史的物質因素遏阻了這樣的發展。技術與價格問題使得這種商業方式成為不可行，盧米埃的投影放映與集體觀影遂成為電影的基本型式。愛迪生所構想的那種個人消費／個人觀影的模式，要到錄影機發明時，才算真正實現。

電影走向集體消費，而非個人消費，使得電影無可避免的成為大眾媒介。為了吸引最多的人進入電影院，電影的內容、語言技法、乃至行銷方式都必須接近大眾。這種特質仍在今日控制著電影的主流市場。

集體觀影模式也使電影與後來的電視產生極大不同。劇場的群眾效果、封閉的觀影空間，再加上大型銀幕，使電影在敘述表現上較電視來得婉轉細緻。電視為吸引觀眾注意而慣用的特寫，在電影裡多半是在強調情緒張力時才使用。而電視為避免觀眾轉臺，在表達訊息時，也常較電影直接、快速、誇張，而且清楚。

就消費力式來看，電影觀眾以靠著購票與否來表達他們對該產品的意見；而電視觀眾只要「做工」看廣告，即可免費收看節目。也因此，電影觀眾對產品的控制力就比電視觀眾更直接有效，而在發行技術上，電影曾經是無遠弗屆，並且是最廉價的平民視聽媒介。但可惜，隨著電視機平價化，與錄影播送技術的快速發展，電影很快就讓出了它的寶座。

二、電影的起步

時至今日，看電影已經是稀鬆平常之事。但是，一百年前盧米埃兄弟的觀眾可經歷了好大一番震動。當盧米埃的影片裡出現火車直駛而來時，曾經嚇得當年的觀眾紛紛躲到座位底下。我們不能嘲笑那些觀眾，對於人類來說，這樣的視覺經驗是前所未有的。從這經驗裡，人們發現一種新的語言正在出現，而他們必須要學著去了解它。

電影製作者自然成了發明這種語言的專家，有些難免因緣際會，有些則充滿了理性和感性的創意。盧米埃對電影語言的貢獻可能是屬於前者。對盧米埃來說，電影只在記錄生活實況，並無其他創作意義。他曾說：「電影是一項毫無遠景的發明。」事實上，當

時的許多人都有如此看法，認為電影不過是照相的延伸，它不會成為如美術或戲劇一般的一種藝術型式。然而，即使如此，盧米埃對生活的敏銳捕捉，以及對環境氣氛的忠實營造，仍然影響深遠。幾十年後，寫實主義者再度發揚了這種精神，並且塑造成電影美學中極重要的一支。

　　梅里葉（L. Meliés）的創作路程則完全相反。這位法國魔術師以職業本能立刻看出電影的幻象魅力。他運用了照相技術中的淡出淡入、溶疊、雙重曝光、快慢動作，乃至手繪色彩等技巧，重新組合了影像的內容，塑造出人眼所未曾見過的景象，使電影如幻術一般驚人眩目。他的作品重新定義了電影與現實的關係，使電影不再只是記錄生活的工具，而更充滿了詮釋與再創造的能力。在這樣的觀念下，電影開發出無限的創作潛能，也成為表達個人想像力的最佳媒介。與為實主義相抗衡，梅里葉的作品也啟發了電影美學中另一主流──表現主義。

　　在美國方面，愛迪生的藝術表現平平，而且顯然他也志不在此，但他所聘用的波特（E. S. Porter）卻成為電影史上非常重要的一人。波特原是推銷員，加入公司後，拍攝了一些新聞片。1903年，他拍了兩部影片：「一位美國消防員的生活」與「火車大劫案」。這兩部影片裡出現了流暢而有效的平行剪輯，例如，火場裡急待救援的人與疾駛的消防車輪流出現，增強了緊迫的感覺。這種平行剪輯的手法重組了空間，調控了時間，增強了戲劇的張力，說明了電影除了影像構成之外，還有一種極特殊的藝術潛質──剪接。在史料大量散佚的狀況下，如果沒有更新的發現，波特很可能是使用剪輯的第一人。

當然，電影是這樣的新，處處都可能有新發明，格里菲斯（D. Griffith）便是其中之佼佼者。格里菲斯原是一位演員，這使他頗善於戲劇張力的控制。他製作過數百部短片，建立了充分經驗，於是滿懷信心地掌控燈光、調配鏡頭。他運用特寫去強調情緒效果、橫搖和推拉鏡頭改變畫框裡的內容；他在構圖與燈光上的實驗，使影像語言向前更邁進一步；而他使用的分割畫面或疊拍特效替敘事技巧開出一條新路。許多人稱格里菲斯為電影之父（或美國電影之父），他所拍攝的劇情長片「國家的誕生」與「忍無可忍」也被認為是以光影寫歷史，是為古典電影之開始。

當然，也有人批評格里菲斯的電影過於通俗濫情，充滿維多利亞時期的文藝風格。但不能否認的是，在他以及其他許多優秀工作者的努力下，電影絕不再是盧米埃所稱毫無遠景的發明。相反地，法國的藝術電影運動很快地出現，隨之是德國、蘇聯、意大利的跟進。而第一次大戰後，電影更是昂然前進，很快就取得了與文學戲劇和其他藝術的同等地位。

格里菲斯的影片耗資十餘萬美元，但獲致之利潤可能上億，這證明了電影已不再是簡易發明，而變成充滿潛力的新工業。1910年，格里菲斯遷移至好萊塢（Hollywood），許多製作者紛紛跟進。當時，他們可能還不知道，這一片荒蕪的橘子園土地將成為世界電影的首都，製造夢幻的工廠，以及娛樂文化的代名詞。

好萊塢的興起必須要感謝世界大戰。事實上，在 1914 年以前，世界電影的重心是在法國。光是梅里葉和百代（C. Pathé）合組的百代公司，發行量就超過美國一倍多。然而，第一次大戰的爆發中斷了歐洲的電影事業，大量的人才避走美國，替美國電影奠定

堅實基礎，也開發出更成熟的敘事技巧與視覺語言。戰後，美國接收各地的電影市場，好萊塢生產的影片幾乎占了世界影片的百分之八十。

愛迪生的初始發明其實是有聲的，然而終因技術的不完美，使電影「沉默」了近三十年。不過，電影的無聲卻也成為一種造化，因為這迫使所有的創作者，必須放棄他們所最熟悉的表達工具——口語語言，而採用影像來完整交代訊息。這使得視覺語言得到了充分的開發。而默片時期作品所展現的簡潔語彙，也使許多美學與評論家，甚至創作者都對默片緬懷不已，有些人甚至拒絕聲音時代的到來，像卓別林（C. Chaplin）影片創造的流浪漢一角便終生不語。

另一項影響電影發展甚鉅的是彩色的進入。彩色電影雖然在1928 年便出現，但技術條件與市場需要則到五〇年代才成熟。彩色的進入使視覺語言又增添了一項新元素，不同色彩所能達到的不同效果，也成為電影創作者熱衷試驗的題目。然而，就在電影創作者愈來愈嫻熟於色彩運用時，懷舊的影人又不免回憶起黑白電影的風華。他們認為黑白電影為了彌補無色的缺憾，發展出繁複的明暗技巧與光影美學，這種成就已不是色彩能輕易取代的了。

三、電影的成長

第一次世界大戰改變了電影生產與消費市場的版圖；同時，也改變了電影創作的意識形態。大戰期間及戰後，殘破的歐洲大陸開始瀰漫起一陣虛無、無政府主義的幽靈之風。文學、美術、戲劇，乃至音樂成了反映時代風氣的模版，同時，這一股風氣也因為藝術

家們逐漸涉足電影,而漸漸塑成電影的新型態。例如,超現實主義、達達主義健將,達利(S. Dali)、布紐爾(L. Buñuel)、曼瑞(Man Ray)、杜象(M. Duchamp)均實際參與電影創作,將電影這樣一個新的媒體當作舊時畫布的延伸,電影不再侷限於商業劇情片的範疇,它也可以成為藝術表現的一種媒介,由布紐爾和達利合作的「安達魯之犬」,完全脫離了電影敘事傳統,而成為連串的超現實畫片,歐洲電影創作者於此開展出一條新路,並為電影加入新的養分,即當代藝術。

　　跨越畛域,將電影視作新藝術工具的精神也在德國展開。作家卡爾梅耶(Carl Mayer)、畫家赫曼伍姆(Hermann Warm)等等均投入這項工作,原本出現在文學或美術作品中的表現主義精神,也迅速移轉至電影銀幕上。導演羅勃韋尼(Robert Wiene)、佛烈茲朗(Fritz Lang)的作品都展現了表現主義的美學風格。他們充分運用這個媒介的各種元素,例如,燈光、造型化粧、場景設計等等構成全新的視覺感,並以此強調心理的運動過程、潛意識與夢的深層世界,「加里博士的小屋」便是其中最著名的代表作。

　　文學與戲劇這種舊日的傳統媒介,不斷地在電影這種新傳播媒介裡找到新生,深富文學戲劇背景的斯堪地半島上的藝術家,便表現出對電影的好奇,瑞典的史帝勒(M. Stiller)、丹麥的德萊葉(C. T. Dreyer)都將北歐文學戲劇的神秘主義,成功地融入電影之中。這種傳統至今仍在,並成為北歐電影的迷人特色,其中之健將英格瑪柏格曼(I. Bergman)今天仍悠遊於電影、文學與戲劇舞臺之間。

　　在虛無與無政府主義的同時,共產主義與法西斯也逐漸形成;

其中，共產主義的思維也影響到電影美學的轉變，為電影理論注入極重要的根柢，那就是蘇俄的形式主義與愛森斯坦（S. M. Eisenstein）及其蒙太奇（Montage）理論。

形式主義與表現主義不同之處在於表現主義傾向浪漫。視電影為一種表現力量，以強調情緒感覺為主；而形式主義則深具分析性、科學化與功能性，它關心各種細微末節所能展現的力量，精確計算後，找出最有效的形式結構組合起來，以滿足其功能目的。例如，維爾托夫（Dziga Vertov），他從畢卡索（P. Picasso）的立體派畫法找到藝術的微分法，了解電影的每一鏡頭都可以析解出來，充分注入力量，當再組合時，便形成一篇有力的電影論文。他的「持攝影機的人」有效記錄了俄國工人的各種生活片段，剪輯在一起後，便成為他所認為的電影記錄生活、電影闡揚革命價值的「電影真理」。

愛森斯坦則將電影視為一種辯證的過程，將蒙太奇剪輯視為一種意義與另一種意義的撞擊。他從中文字的結構裡找到了例證，例如，「吠」字是由「口」與「犬」合併而成，這兩個各具意義的字合併後並不等於兩字的總合，而產生了第三種意義。他認為電影也應該如此，一個鏡頭加上另一鏡頭不應該只是兩個的連結，而應該產生出一種暗示、一種意義、一種辯證，而這新生的東西正是電影工作者所想表達的，也是電影創作真正有意義之處。他反對剪接只是支持現實經驗再現的說法，而認為應該是再造現實，為之注入新觀念。他支持絕對的形式主義，認為對寫實一味尊重，只是怠忽創作者之職，也不尊重觀眾，他要求蒙太奇需產生辯證意義，而觀眾必須投入這辯證過程，試圖了解創作者想要表達的意義，而不是被

浪漫的、煽情的情節盲目操控。

　　不論是表現主義、形式主義或蒙太奇都在二次大戰爆發時變質或受挫。表現主義所發展的美學基礎與技法為納粹所運用，強化國家力量與意識的塑成，「意志的勝利」以精確而又強有力的表現技巧記錄了希特勒教條與納粹誓師，為法西斯主義服務，以致被稱「法西斯美學」作品。蒙太奇在史達林訂下社會寫實主義（Socialist Realism）路線後，原本一腔熱誠的電影工作者立刻被壓制下去，成為瘖瘂的一群，僵化的形式占據了蘇聯的電影空間。

　　二次大戰也使原本創意十足的歐洲電影迅即枯萎，好萊塢更進一步占領世界影壇。在這段期間，電影類型陸續出現，成為電影發展過程中十分重要的現象。所謂「類型」（genre）意指一些影片在創作過程中，漸漸擬塑出一種共同的風格，一致的前題、故事環境與表現技法語言等等，以提供觀眾一個可以遵循的模式。在這個共同認可的模式中，創作者與觀眾分享此種型式影片所能提供的特殊趣味。例如，希區考克所主導的驚悚片、約翰福特領導的西部電影、霍華霍克斯的神經喜劇與黑色電影（Film Noir），因大蕭條和有聲電影技術出現而竄起的歌舞片，以及警匪電影和因戰爭而興起的戰爭電影。在這些不同風格、內容、處理手法的影片中，我們看到了電影無論在藝術形式內容上，以及對語言元素的運用上，都持續的成長進步。而電影開發類型的經驗，也就成為日後電視節目類型發展的基礎。

　　在好萊塢主筆電影史的此時，英國與法國的工作者仍爭取了一些篇章。英國的約翰葛瑞森（J. Grierson）領導紀錄片拍攝，他所塑立的傳統與對紀錄片「真實」的追求信念，持續影響著日後紀錄

片與新聞片的發展，乃至在今天英國廣播公司（BBC）的節目裡，我們仍可看見格瑞森的風格與理想。而在法國的尚雷諾（J. Renoir）與尚維果（J. Vigo）也因為影片中充滿人道精神與寫實主義技巧，影響爾後新浪潮出現時，法國電影的復興。

　　第二次大戰結束，留下比上次大戰後更殘破的歐洲。然而，虛無主義的幽靈並未復活，代之而起的是較深刻反省的人道主義精神，而這種精神反映在電影上頭的正是電影發展過程中非常重要的一個階段──新寫實主義（Neo-realism）。

　　巴贊（A. Bazin）曾經說明：「新寫實主義之首義豈非人道精神，其次，力求一種電影風格？」這正說明新寫實主義者之敘事意旨和目的，不但追求人道精神，並且是內容重於形式的。在這樣的信念下，他們進入社會、深入民間，記錄社會與人民在戰後的真實苦難經驗，並以此質疑過往政治的虛偽與狂飆。由於器材資金上的困難，也由於工作者對過去電影矯飾的富麗堂皇感到不耐；因此，新寫實主義影片以粗糙的攝製記錄了社會生活，又結合非職業演員與街頭實景，使影片洋溢真實感。對他們來說，在殘破的世界裡，悲天憫人與深刻反省才是重要的，虛矯的藝術耽溺與感官娛樂是自欺欺人的，電影應該傳遞信念，而不是散播虛假的娛樂，也因此他們的影片深深地感動（而非娛樂）了觀眾。

　　在某種程度上，新寫實主義與蒙太奇觀念產生了一些衝突。新寫實主義崇信對題材的尊重與誠實，而蒙太奇則堅信創作源自於剪輯時所爆發的力量。巴贊對這兩種美學間的爭吵提出看法，他認為蒙太奇導引觀眾去參與辯證，事實上是限制了觀眾的自由想像，「排除了意義本身的曖昧化」，使辯證意旨非常清楚，少了思考的

空間。於是他提出場面調度的觀念，儘量以遠鏡頭、深焦與長拍、搖攝等方法保持空間與空間內的內容完整，而避免憑一己之意，利用剪接剪出自己的意見。他相信經由這樣，新寫實主義就能將「現實裡的曖昧模糊處帶回電影裡」，使電影成為可以一再觀察，自由感受的媒介。

從經濟觀點來看新寫實主義的出現，我們可以發現，因拍攝戰爭新聞片與紀錄片之需要，而加速發展的輕型攝影裝備與快速底片已漸漸成熟，電影製作由大資金大組織（通常為國家或資本家）下放至平民，一般人民有機會拿起攝影機拍攝電影，新的創作人才陸續出現，同時，也使電影工作者得以輕便地走上街頭，記錄當時社會的真貌，這些都說明了新寫實主義之出現不能不歸功此技術條件。而這種趨勢到了六○年代就更見蓬勃，為地下電影、前衛電影以至紀錄片的「直接電影」（Direct Cinema），或「真實電影」（Cinema Vérité）的出現創造出有力條件。電影由影棚走向街頭的經驗也出現在電視身上，當 ENG 將電視製作帶出攝影棚時，電視工作者也呼吸到了電影創作者曾享受過的自由空氣。

二次大戰後的復甦似乎很慢，倒是好萊塢在毫髮未傷的情況下繼續繁榮，西部電影、黑色電影類型都發展得更繁複，尤其是黑色電影建立的陰沉與低調的城市風格，更為日後電視劇集如「警網鐵金鋼」（kojak）、「神探可倫坡」（columbo）塑型。彩色影片與各種寬銀幕替歌舞片找到了比三○年代還更大的發揮空間。而在類型的主導下，具個人風格與社會情懷的作者也側身其間，拍出為數雖少，但成績卓越的影片，如伊力卡山（E. Kazan）的「岸上風雲」（On The Waterfront）、尼古拉斯雷（N. Ray）的「養子不教

誰之過」（Rebel without a Cause）。然而，具社會意識的創作卻在四〇年代末期遭到壓制。對共產主義的恐懼，使淨化國家意志成為急迫工作。電影既為文化意識的主角，當然便首當其衝。以極端反共的麥卡錫（J. McCarty）為首的政治力量涉足影界，列出了政治黑名單，逐一清除所謂好萊塢共黨，電影界瀰漫分裂與肅殺氣氛。然而，電影工業的真正重創還未來臨，但卻也很近了，它將重寫工業界既定的遊戲規則，並奪取電影的許多傳統利益與功能，那就是「電視」！

　　事實上，早在三〇年代電視就已具雛型，但二次大戰延遲了它的發展。五〇年代電視正式出現後，立刻發揮了二十年前就應發揮的力量，嚴重影響了電影的生存，頑固保守的電影公司面臨了空前的威脅。

　　今天看來，可以發現電影和電視其實是最接近，並且需要相輔相成的。電視初發展時，一則因為工程技術人才的來源與傳播方式的特性，再則也因為電影界的排斥，使電視自然投向廣播。但，很快大家便發現，同樣處理聲音與影像訊息的電影，能提供電視更多的幫助。電影所發展出來的視覺語言、敘事技巧，乃至攝製技術都已粲然完備，而電影類型、電影新聞片與紀錄片也都可以迅速移植到電視；當然，數十年間所拍攝的影片，更是電視這個吃節目機器所能擁有最好的資源寶藏。

　　然而，電影大亨們都採取敵視的態度，以為抵制電視，就可以保住他們的利益。事實證明所有的努力，如加寬銀幕、發明立體電影等都終告失敗。電影並不因為形式上的變化，而能抵抗傳播媒體的新經濟環境，而電影也終將讓出一些地盤給在某些特別範圍上

（如快速的新聞告知或紀錄報導）更具能力的電視。

在這樣挫敗的情況下，好萊塢開始了權力重整的工作，大公司紛紛出讓，新集團介入，傳統的片廠制度與製片方式瓦解，律師、會計師、企業管理師逐漸進駐，默默發展，並且在六○、七○狂飆年代後，掌控整個好萊塢工業。也差不多到了那時候，電影與電視找到了共同生存的方式，舊片廠裡拍攝的是大量的電視節目，而電影也在電視、錄影帶裡尋找拍攝資金，並得以繼續領導娛樂文化事業。

電影的最後一次壯闊波瀾發生在法國，我們稱作「法國新浪潮」。這是由一群對電影充滿信念與意見的年輕藝術家共同組合而形成的運動。他們大多為《電影筆記》（*Cahiers du Cinéma*）雜誌寫影評，並深受巴贊理論所影響。他們反對裝飾虛假、暮氣沉沉的商業主流電影，將之稱為「老頭子電影」；同時，主張人文精神的、有意識的社會關懷與人道立場。他們先後從 1959 年起開始拍片，迅即創作出一連串影史傑作，短短的數年間，許多電影作者出現，所激盪出的振奮士氣影響至各世界，並使日後任何類似於此的峰潮現象，都很快被冠上同樣稱號，例如，日本新浪潮或臺灣、香港新浪潮。

事實上，我們很難歸納出新浪潮導演的特點，他們彼此間存在甚大的殊異性。例如，楚浮（F. Truffaut）的作品既表現對好萊塢類型的崇拜，也承襲尚雷諾的人道精神。而高達（J. Godard）的電影更從類型開始，以迄瓦解類型，他的作品充滿破壞傳統的筆觸〔如「斷了氣」（Breathless）的跳接技巧〕，並終於向敘事傳統告別，將電影拍成了論文型式。其餘如夏布略（C. Chabrol）專注

於布爾喬亞驚悚片、侯麥（E. Rohmer）熱衷文學的道德劇、亞倫
雷奈（A. Renais）借用新小說的前衛手法，拍攝「廣島之戀」
（Hiroshima mon Amor）或「去年在馬倫巴」（Last Year at
Marienbad）等等，並各自走出一片前所未見的天地。

　　隨著狂飆時代的革命風氣日益激進，電影也迅即擔負起其政治
解放的工作，新浪潮是一種型式，人類學家尚路許（J. Rouch）的
「真實電影」（Cinéma Vérité）也同樣質疑古典紀錄片的偽實。在
英國，湯尼李察遜（T. Richardson）和林賽安德遜（L. Anderson）
等憤怒青年領導創作了「如果……」（If……）等憤怒電影，從檢
視勞工階層的問題到探索布爾喬亞的虛偽，憤怒的一代為英國戰後
階級觀與傳統道德教條逐漸崩潰的現象，親立見證。同時，在義大
利，新寫實主義則漸漸消退。費里尼（F. Fellini）、安東尼奧尼
（M. Antonioni）與維斯康堤（L. Visconti）各自轉型。費里尼的敘
事逐漸減化至如詩般的論文，安東尼奧尼更沉醉於存在主義的世
界，而維斯康堤則擺脫機巧，散發成熟的頹廢派風格。在德國，新
電影在七〇年代復興，法斯賓德（R. W. Fassbinder）、雪朗多夫
（V. Schlondorff）、荷索（W. Herzog）、溫德斯（W. Wenders）
成為其中標竿。而更引人注目的是東歐（如波蘭、捷克等）的電影
逐漸引起世人興趣，而日本的小津安二郎、黑澤明、溝口健二、印
度的沙吉耶提瑞（S. Ray）、巴西的格勞伯羅沙（G. Rocha）以及
古巴的胡貝托索拉斯（H. Solas）等等也都領頭將該國電影和電影
創作者引入世界影壇。即使在好萊塢，革命的風氣也喚起工業機制
中少數傑出的電影作者。亞瑟潘（A. Penn）、丹尼斯古柏（D.
Hopper）、馬丁史可塞西（M. Scorsese）、柯波拉（F. F.

Coppola）、喬治盧卡斯（J. Lucas）、史帝芬史匹柏（S. Spielberg）、勞勃奧特曼（R. Altman）、伍迪艾倫（W. Allen）、艾倫帕可（A. Parker）等等先後出現，他們有的能保持個人風格與好萊塢機制的良好關係，有的則若即若離。但這些多半來自學院的創作者，已漸漸將電影帶出了狂飆世代，進入到我們熟悉的電影今日了。

四、電影的未來

電影學者瑪納鎬（J. Monaco）早在八〇年代就指出：「在1980 年左右，有一件事情已很明顯，亦即要確切劃分所謂電影與我們所知的電視，已經不可能了。」十年之後，電影與電視之間的界線也益形模糊了。如果我們仔細思考我們上戲院看電影的理由，可能會找到幾點：1.因為電影院的聲光設備較好。事實是：在更進步的音響設計（如 THX 家庭環繞音響設計），以及高密度、液晶螢幕、或投射螢幕出現後，在家看電影所能得到的聲光之娛，可能還超過電影院。 2.因為電影院有最新的電影。事實是：當雙向有線電視、衛星電視、數位電視或收費電視計費技術克服後，電影界已開始考慮將電影，直接首輪播映至家庭之中，也就等於在每一個家庭裡辦首映，而每一臺電視的小搖控器就是傳統的售票亭。 3.因為電影街或多廳電影院有較多的選擇。事實是：當衛星或有線頻道不斷迅速增加時，可提供觀看的影片，早已是一般多廳電影院的數倍。這些不同類型的電影頻道，以及隨選電影（MOD）可以同時滿足不同觀眾同一時間的需求。

　　經濟技術上的發展，已使電影院失去了傳統功能，家庭電影院已可將之充分替代。而接上電腦技術、電玩技術，乃至多媒體設計，家庭電視將提供遠超過電影院所能提供的娛樂，這其中還包括了革命性的互動電影（視）的可能。

　　還有甚麼理由可能吸引我們去電影院？有的，因為我們喜歡和別人（很多人）一起看電影，那種感覺和在家裡看並不一樣；或是，因為我們三不五時就想到外頭走走。而走去哪裡？可能就是電影院。這種與人同樂和這種自娜拉開始就存在人們心中的出走欲望，的確可能將我們喚回電影院。而電影院也就在這種情況下，漸漸成為像歌劇院、音樂廳一樣的社會儀式場所。這種場所不需要多，高貴而寂寞地散布著，剩下的戲院便將改成商場、停車場，漸漸消失在我們眼前，一如電影「新天堂樂園」（Cinema Paradise）的景象。

　　而電影並不會因此而滅亡，它仍會以更多樣的型式繼續存在，只是那些型式可能不是我們傳統熟悉的。它們可能既不像電視，也不像電影，需要我們另創一些語彙去形容它。

　　一百年前，愛迪生和盧米埃兄弟的競爭可能還沒完。未來的電影將是集體欣賞，還是個人觀影，甚或另一種新型式，現今猶未可知。但我們確信，在過去的一百年裡，電影為我們實現了許多的夢，豐富了美麗的回憶，喚醒了我們對社會人類的同情與關懷，並且為我們留下了無數的作品，電影媒介可能消失，但這些作品卻將不朽。

〔關於電影類型與電視節目發展之關連，可參閱《電視類型》

（Rose, B. G. ed., 1985, *TV Genres: A Handbook and Reference Guide*, London: Greenwood Press.）一書〕

第六章　認識電視

吳翠珍

一、電視與你

　　電視這個「魔術盒子」，它的正式問世大概在 1940 年代，但是經過短短的數十年間，很快的就成為現在家庭中的必備家電之一。除了家庭以外，很多的公共場所，如學校、餐廳、旅館等，電視均無所不在。以美國為例，美國到 1988 年時，大約已有 98% 以上的家庭擁有電視機，而且一戶以內，擁有兩部或兩部以上電視機的家庭，高達 65%。同時，美國家庭平均每天電視機的開機時數，大約是在七小時左右。歐洲的英國，電視機的普及率跟美國不相上下，而每天的開機時數也有五個半小時之多。臺灣的情況又是如何呢？根據蓋洛普調查公司於 1991 年 10 月間所做的一項報告指出，臺灣地區擁有電視機的家庭已經達 98.8%，其中，多機家庭（家中有兩臺或兩臺以上的）則超過半數（占 56.7%）。另外一項驚人的數據則是有線電視的訂戶高達八成左右。行政院主計處的統計資料也指出，看電視或錄影帶是臺灣民眾最主要的休閒娛樂方式，臺灣地區的民眾平均每天看電視的時間是兩小時十一分鐘。

　　事實上，不同年齡層的觀眾，由於生活型態跟生活重心的不一樣，所花在電視機前的時間自然不一而足。一般而言，兒童與青少年以及老年人，是影像消費的大戶，每天花在螢光幕前的時間可能高達三至四小時或者更多。這些看起來似乎微不足道的小數字，如果我們仔細敲磨起來的話，則是十分可觀的。試想想看，如果我們平均每天用兩個小時十一分鐘在看電視，不論刮風下雨、上學上班或放假，三百六十五天下來，大約花將近八百多個小時的時間在接受電視的洗禮。如扣除掉我們一般性的作息與活動，大約是八小時的睡眠、八小時的上班或上學、兩小時的吃飯、兩小時的交通，一天所剩餘的時間大概只有四小時。而其中。我們花一半以上的時間，毫無怨尤的、今生無悔的貢獻給電視這個魔術盒子。假設我們活到七十歲，在七十年的光陰裡，整整會有六年五個月的日日夜夜與電視共度。

　　中外許多研究報告指出，人們平均每天花二至七個小時不等的時間消磨在電視前面，而看電視時間的多寡，跟人類的心理、生理與社會發展有密不可分的關係。一般而言，二到三歲的兒童，已經能夠辨識電視節目裡面經常出現的角色，並且可以固定的觀看某些節目。隨著年齡的增長，還有生理、心理的發展，尤其是語言能力的快速成長，學齡前的兒童（大約是五至六歲）由於時間的許可，看電視的時間可能達到人生的第一個高峰，每天可達三至四小時；上小學之後，由於生活重心移轉到學校，和同儕之間的社會互動較為頻繁，觀看電視的時間略為減少。但是，到小學的高年級時期，由於對學校的環境運作較為熟悉，對語言、文字及抽象概念的運用能力更為成熟，因而對電視節目內容的了解也增加了，再加上社會

化的結果，看電視在同儕團體的互動上扮演極重要的角色，因此觀看時間在小學後期階段達到第二個高峰。爾後當個人進入到青少年、青年及成年人的階段，由於社會接觸面的擴大，社會責任的增加，個人學業與事業的追求與興趣等等因素的轉變，看電視的時間會相對減少。可是，到了中、老年之後，由於家庭事業活動能力逐漸縮減，靜態的活動時間如看電視的時間就會增加。因此，由於閒暇的時間大量的釋出。這個階段花在看電視的時間就達到了人生的最高峰，每天可能高達四至五小時，或者更多。不難推論，電視觀看行為是人類生活中除了吃飯與睡覺之外，是另外一個從搖籃到墳墓持續不斷的活動。而這一個特性，使得電視與我們的生活變得息息相關。

二、電視的媒介特性

電視之所以能成為今日的強勢媒體，它的第一個特性是使用我們所熟悉的影像和聲音當作是它的符號。這個傳播本質使得不論使用者的年齡、性別、職業、居住地區、教育背景及閱讀能力為何，都能成為電視的消費者。電視經常是影像和語言同時呈現，這不僅使電視在滿足消費者的感觀刺激上優於其他的傳播媒介，如廣播、雜誌、報紙，更重要的是訊息的傳遞不再完全依賴文字，因而它的受眾群可以擴及到人生的每一個階段。電視第二個媒介的特性是它是真實的代理，而不是完全的真實。電視所呈現的資訊，不論是影像或者是聲音，就觀眾的立場來看，彷彿是真人真事、實地實事。可是就電視的媒介特質而言，所有呈現在電視機前的資訊，事實上

都是經過高度的包裝、選擇、再組織之後而送出來的。電視影像的製作與電視訊息所呈現的過程，事實上是相當的複雜。在電視的聲光畫面通常是經過特殊處理，裡面所呈現的時間與空間通常已經過壓縮而呈現的。大體而言，電視呈現的訊息並非是真實的本質，而是經過包裝之後，透過影像跟聲音符號所建立的「代理真實」，也有人把它叫符號真實。符號真實與社會真實之間存有極大的距離。

電視除了新聞節目之外，還有其他各式各樣的戲劇節目、綜藝節目、競賽節目等等。綜而言之，電視本身所扮演的角色，具有提供一般人共同生活參考準則的功能，從衣著、打扮、飲食、消費行為等，或多或少都受電視的影響。電視以其特有的呈現方式，或直接、或隱含地將社會中不同的事件、人與人的關係或是觀念價值加以刻劃。而電視所不同於其他媒介的地方，不盡然是所呈現出來的外顯內容，而是其架構訊息所運用的特殊方法。質言之，當我們把電視的內容抽離時，其所剩下的組織內容這些符號，就是支撐電視訊息的內在結構。而這個結構就是電視有別於其他媒介的主要因素。要了解電視，就不能不了解電視的符號結構。電視結構依其符徵系統可分為三類：視覺符號、聽覺符號以及結構符號。

1.**視覺符號**：架構電視內容的主要成分，是它的視覺部分，除了與內容直接相關的，如角色（演員）、場景、布景，電視視覺符號中鏡頭的選擇與構圖，如特寫、中景、遠景，或所謂建立鏡頭的運用，對於自然的或人為的內容加以選擇性的拍攝，形成視覺觀感的建構。再其次，所謂鏡頭的運動與角度的選擇，更是將拍攝者主觀的意念，涉入內容的呈現，用以代理的觀點對於內容事件或人物的趨近或疏離，並輔以不同的角度延伸了拍攝者對人物或事件的威

權或萎弱觀感。對於電視內容而言，視覺符號的運用，又是經過了一次的選擇跟組合。

2.**聽覺符號**：電視節目裡面，除了視覺符號以外，另一個重要的成分就是聽覺符號。主要的構成型式包括對話、旁白、音效以及配樂等等。聽覺符號看起來不若視覺符號顯著，但是在電視訊息的呈現時，聽覺符號的使用與否，用何種型式使用、何時使用與視覺畫面的融合型態等等，均能夠製造出不同的整體感知。電視節目中以聲音為主，而視覺為輔的設計也十分普遍。聽覺語言是電視符號中與視覺語言平分秋色的重要工具。

3.**結構符號**：結構符號可分為兩個部分。一個是鏡頭與鏡頭之間的銜接符號，如切、淡入、淡出（就是畫面從無到有或是從有到無）、溶（就是前後兩個畫面同時出現）以及各式各樣的特殊效果等等的方法，用來聯結前後畫面的剪接型式。各種連接的型式有著約定俗成的意涵，正如我們作文中的標點符號所扮演的角色。而畫面的速率有快有慢，也可以用不同的剪接方式來暗示。例如，畫面從無到有的淡入方法表示新情節或事件的開始，而從有到無的淡出則表示結束。兩個畫面同時出現，或是並存在螢光幕上，另外一個溶入取代前一個鏡頭，則很明顯意味著時間或者是空間的壓縮或者是延長甚至是轉移。另外，結構符號的功能，是鏡頭的編排符號。無論是採取直線的剪輯，意味著依照時間序列來安排，或者是平行剪輯表示不同事件，在同時、但在不同的空間發生，也是結構符號對於內容表現型態的操縱。

一般而言，電視的製作過程可以分作三個不同的階段：第一個階段稱為前製階段（pre-production），第二個階段稱為製作階段

（production），第三個階段稱為後製階段（post production）。前製階段所包含的工作通常包括企劃，也就是整個節目的初步構想、完成腳本或是劇本的編寫、找演員等等的。真正進入到拍攝階段時，或是進入攝影棚來拍攝，也有可能到戶外或找實景來拍攝，完成基本素材的蒐集與拍攝。而最後一個階段就是後製階段，後製階段通常是把拍攝過程中間的素材，拿來作剪接，依據劇本或是腳本做一系列的編排。從這三個過程我們就可以充分了解，電視節目的製作，事實上容許非常多操縱的空間。

三、電視新聞的產制

在臺灣地區的許多傳播行為研究中都一再的顯示，臺灣民眾接觸頻率最多的媒介是電視，而所收看的電視節目中，以電視新聞的收看情形最普及，大約有 60% 的人每天都看，而完整看完的大約有 70% 的人。民眾獲取資訊管道最重要的來源主要是電視，其次是報紙。而民眾對媒介信任的次序首先是電視，其次為報紙。以電視新聞為例，電視新聞是以報導真實事件為目的的節目，因此，它是使用電視符號，來呈現社會真實的一個節目型態。如果我們仔細分析一下電視新聞的呈現及特質，我們就會發現，為甚麼媒介真實與社會真實之間，存在有極大的差距。電視新聞基本上它因為時間限制的關係，報導必須要剪裁，取其精華而播出，同時也因為時間的限制，電視新聞的播報不但要簡潔切入重點，有時候還會以標題的方式，快速的播報某些消息，而不將內容加以說明。

電視新聞不同於其他新聞媒體，最重要的是它不僅是有所謂的

旁白，還必須用畫面來跟旁白相輔相成，滿足觀眾百聞不如一見的心理。這些電視新聞處理上的特質，呈現在觀眾面前的新聞報導，事實上是經過了重重的選擇過程。從新聞事件、新聞畫面到新聞旁白稿，無一不是經過了精挑細選才呈現於電視螢光幕的。因此，有人指出，新聞記者所謂的標榜「不製造新聞，只反映報導事實的真象」並不真確。因為電視新聞工作者在製播新聞時，早就已經帶有「新聞觀點」，形成不自覺的主觀印象。再加上新聞撰稿、電視剪輯等等的處理過程，使得新聞報導所建構的新聞事件，即所謂的「符號真實」與現實世界中的真實事件產生距離。這也就是所謂的失衡現象。換句話說，電視新聞中的事件報導，並無法完全反映現實世界中的事件。電視新聞在有限的時間之內，所能反映的只是真實世界中的一部分而已。

　　影響新聞事件與真實世界差距的因素，除了前面所談及新聞人員的主觀判斷以及剪輯處理過程之外，新聞的組織以及電臺經營者，甚至於整個政治環境、社會期望等等因素，都會影響到電視新聞報導中新聞觀點的形成。首先，就新聞組織或電臺經營者的立場而言，新聞組織的型態或是電臺經營者的經營目的的不同，都可能導致新聞事件選擇以及敘述角度有所差異。例如，商業性電臺，可能為了吸引更多人觀看，而去挖掘一些羶、色、腥的新聞；而有些如公共的電臺，則可能對於所謂純淨的新聞付出比較多的工夫。

　　其次就政治環境而言，電視新聞事實上透過視覺以及旁白，來建構閱聽人對於政治事件、政治問題甚至於政治紛爭的了解。然而也因為電視訊息是經過選擇的議題設定過程，也是個人價值判斷的結果，所能夠反映的只是當時政治社會中，優勢文化所持有的觀

點。因此，有些學者認為，電視新聞所提供的資訊，事實上可能反而限制了我們對於政治事件的了解。換句話說，在政治環境中的優勝劣敗現象，會影響到電視新聞報導的立場。因此，現實世界中的弱勢文化觀點便常常被忽略，這也是造成真實世界與新聞世界差異的原因。

最後，就社會期望而言，電視新聞可能會因為社會期望，而對於某一個事件加以大幅的報導。例如，1994 年 3 月底，發生在大陸浙江省的千島湖臺胞被劫殺焚船事件，就因為社會大眾以及政府單位的期望，使得國內電視臺不斷的加以報導，而顯然的，在有限的時間資源裡，其他同時發生的事件就沒有受到同樣的重視。這是社會期望與電視新聞報導之間，因果循環的一種現象。我們可以用下頁這個圖，來顯示新聞世界與真實世界間的關係。

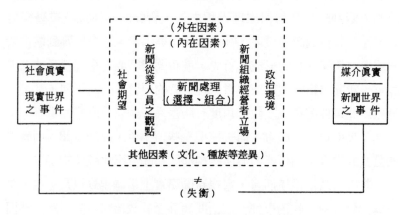

現實世界與新聞世界事件形成關係圖

　　從該圖中，我們可以清楚的了解到，現實世界的事件與媒介所建構的世界之間，產生失衡的現象，主要是源自於媒介，也就是新聞從業人員的觀點，以及新聞組織或電臺經營者的目的等等的因素，再加上政治環境、社會期望等等的外在因素，而影響到符號的處理所導致。而這種失衡現象也使得所謂的符號真實受到質疑。因此，就算電視新聞是一個最為接近真實的一種電視節目型態，我們不免也要產生一些質疑：

　　1.電視新聞的報導是不是很完整，觀眾是不是能夠對於所報導的事件得到足夠的資訊？

　　2.電視新聞的報導是否有將複雜的事件過於簡化處理的現象，或者是將事件小題大作、過於渲染？

　　3.電視新聞的報導立場是否公平客觀，是否受到政治、社會、文化等因素的影響而影響其報導的客觀性？

　　4.電視新聞的報導立場是否受到了新聞組織、電臺經營者的立場而影響？

　　5.電視新聞的報導或評論是否正確可信，是否可以反映大多數人的意見？

　　就整個電視媒體特色來講，電視新聞所提供的報導往往對於錯綜複雜的政治社會、經濟或文化的真實現象，予以過分粗糙或扭曲的處理。因此，個人應具備有良好的判斷能力，經由健康的懷疑態度，發展出了解電視的能力，也就是具備有電視識讀及批判性觀看的能力與技巧，以拉近現實世界與電視世界之間的距離，並調整其失衡的現象。

四、媒體素養能力

　　呈現在我們眼前的電視節目，無論如何的為實，大都經過人為重重塑造。換句話說，除了很明顯地知道各種武俠招數，是靠鏡頭巧妙剪接所產生的特殊效果外，某些角色或公眾人物的對白或說辭，也是經過篩選與剪輯。最普遍的扭曲情形，就是電視劇裡的主要角色永遠都是好人好事的楷模，都有神化人格的傾向；而某些公眾人物的談話，經過去蕪存菁的剪接技巧，經常是簡短有力、字字珠璣。社會大眾對如何了解電視的需求覺醒的非常早，以美國為例，早在 1950 年代，就有學者預測電視在未來可能運用的層面，特別是在社會影響力面以及廣告的滲透力量是非常驚人的，因此建議各級學校，應該主動提供學生了解電視內涵的管道。而在 1962年，由聯合國教科文組織（UNESCO）所贊助的國際螢幕教育會議（International Confrence on Screen Education）也特別指出，電視已經成為傳播的新寵兒，在可預見的未來，電視影響所及的層面與深度，將繼續的擴延加深。因此，教育工作者應教導學生如何有效的使用這個媒介。從今天看來，上面的這兩項建議實在是真知灼見，理由有二：在一般人正熱烈擁抱這個魔術盒子所能夠帶給人們前所未有的歡樂時，有人已經意識到它可能深刻影響人類社會的形貌與行為。第二點先見之明是，電視運用的層面非常的廣泛，影響之處非常深遠，因此，要求學校教育因應電視媒介的浪潮，以系統化的課程或訓練來裝備未來的公民。因此，把媒體素養能力（media literacy）提昇與傳統語文識讀能力教育同等重要的地位，強調學校教育不能忽視視覺媒體對生活的影響，目的在使每個閱聽

人具有思辨能力。

　　所謂的媒體素養能力應該包括哪些呢？似電視為例，最主要的目的是希望每個人都能夠發展出一個評估電視媒體的態度與能力，這些能力包括下面幾項：

　　第一，能夠區分節目的元素。例如，節目的配樂、特效、化妝、布景、道具等等的這些因素，如何對節目的內容產生影響。為甚麼我們會被電視上感人的畫面所感動，這當然跟演員的對白與表演有很大的關聯，而電視的技術成分也功不可沒。雖然我們觀眾很少注意到電視裡的技術成分，但是它確實影響到我們對整個節目的情緒、觀點以及對節目的預期，服裝、運鏡、場景以及音樂，都能夠用來催淚或激憤。它甚至還能夠表達暗示性的意涵。畢竟，電視是人做出來的，任何一個不同的選擇都可能改變電視節目不同的面貌。

　　第二，能夠理解電視節目的型態。例如，戲劇節目一般人比較能夠知道它是一種人為的、建構的情境世界，但是其他節目型態如新聞或是報導類的節目，如何去區辨它的內涵與本質，還有它與電視元素之間建構的關係？為了更充分的讓自己了解對電視新聞是否具有媒體素養，你可以問自己這幾個問題：1.為甚麼這個報導會被播出？2.這個報導會影響很多人嗎？3.在報導中有讓人感到特別興奮或煽動性的鏡頭嗎？4.這篇報導是硬性新聞、軟性新聞還是評論？5.我從電視新聞所得到的資訊是意見或事實？還是兩者都有？6.報導的消息來源可靠嗎？7.我可以到哪去找到更多的資訊？

　　第三，能夠區辨甚麼是事實甚麼是虛構。在各類型的電視節目內容當中，處處都存在著事實與虛構間非常模糊的界線。例如，在

綜藝節目裡主持人與影歌星之間的對話，是現場的隨機實況，還是事先安排、對稿、寫大字報？如果是後者，那麼這些事先安排的目的在哪裡，一個有媒體素養能力的人應該要有所質疑。

第四，能夠了解並且辨識電視廣告勸服的企圖，廣告是大部分商業電視臺賴以生存的命脈，因此廣告幾乎是無所不在。一個有電視解讀能力的人不僅能夠清楚明瞭，一般廣告的宣傳與勸服你去購買的目的，同時也能洞悉節目廣告化（尤其是新聞節目）的技倆，例如，在節目中，背景出現廠商的品牌，或角色特別使用某種產品。

第五，能夠了解不同或是相對觀點的呈現，電視所呈現的意見事實上是經過組合與選擇的，其所反映的，很可能是優勢文化的價值，可能是電臺經營者的意見，也可能是消息產製者的主觀觀點。電視的訊息不見得是唯一的真理與全部的真象，對於這一點，聰明的閱聽人應該加以洞察。

第六，對於自己的電視觀看行為，能夠有所了解及給予評估。電視觀看既然是現代人無法避免的影像消費行為，我們必須了解自己是因為「人」而聽取其意見，還是因為意見的真實性而相信某些事實，同時應對自己的電視觀看行為有評估的能力。如何事先過濾節目的好壞、適當性，使自己成為具有電視批判能力的觀眾，對電視訊息能夠不照單全收。

此外，還要了解自己在各種型態節目中自己的偏好，並且，了解不同的節目型態有它的特質。不同節目會吸引不同的人，而不同的時空背景也會出現不同類型的節目，例如，目前所盛行的情境式喜劇，通常在半小時之內，以幽默的手法輕描淡寫的來處理一個問

題。任何再複雜的問題，都必須要在三十分鐘之內結束。因此，可能會給人一個印象，就是人生的很多事情，通常在很短的時間內就可以得到適當的處理。有些研究指出，長期大量接觸這類節目的兒童，對於生活及社會上壓力的忍受程度比較差。因為他們認為壓力在極短時間內就應該得到解除。而不同於情境短劇的是連續劇，每天一個小時，可以長達數個月，那麼，這些連續劇的基本特質是甚麼呢？當然是一個衝突接著一個衝突，目的在吸引觀眾的注意持續看下去。因此，衝突與解決，再衝突再解決，就成為戲劇節目一個基本的要素。而不同的節目類型都有其基本的要素，比如說，綜藝節目、新聞節目、運動節目等等，我們都可找到它在攝影機的運動上，布景、演員、服裝、道具等等的不同要素。

第七，能夠綜合了解電視節目所呈現的價值觀念與現實世界之間的差距。也就是說，辨識電視所呈現的行為、價值觀可能的扭曲。例如，男女角色的扮演、男女關係的描繪、家庭關係的處理、社會問題的呈現等等，是不是跟現實社會有所差距。

幫助自己認識電視、了解電視最實際可行的一個方法之一，就是檢視自己使用媒體的習慣，同時也分析自己收看電視的理由。我們可以做一個七天的電視使用日誌，這樣的活動可以幫助我們了解，到底我們每天看了多少電視？為甚麼看電視？而電視跟我們每天的活動有甚麼關聯？引起我們看電視的原因在哪里？同時也可以比較自己和別人收視習慣的不同在哪裡？透過這樣的過程，觀眾可以成為具有批判性能力的影像消費者。下面所提供的兩項活動，可以幫助你了解自己的電視習慣與觀察，進而使自己能看透電視的逆障。

〔活動一〕電視與我

㈠目的

了解自己使用媒體的習慣、電視的偏好、看電視的動機。

㈡目標

1. 了解不同媒體的使用習慣
2. 檢視電視收視的習慣
3. 了解自己看電視的動機

㈢ DIY：**每日活動記錄表**

□在簡寫表中列舉出你一天中可能做的活動，請於每天活動記錄表中填寫你覺得最能代表那個時間所做的事，如果找不到就依實際從事的活動填寫。

□如果活動少一小時，你可以在每格中等分為二格來填寫。如

每日活動記錄表

時間＼日期	星期一	星期二	星期三	星期四	星期五	星期六	星期日
早上　8 點							
9 點							
10 點							
11 點							
中午 12 點							
下午　1 點							
2 點							
3 點							
4 點							
5 點							
6 點							
晚上　7 點							
8 點							
9 點							
10 點							
11 點							
12 點							

簡寫表

a－無事可做　　　　　k－聽錄音帶
b－做功課、讀書　　　l－看錄影帶
c－和朋友一起　　　　m－看報紙
d－運動　　　　　　　n－看雜誌、漫畫
e－上學　　　　　　　o－打電話
f－睡覺　　　　　　　p－吃東西、用餐
g－看電視　　　　　　q－看電影
h－看課外書　　　　　s－打電動／上網
i－打工　　　　　　　t－搭車、走路
j－聽收音機　　　　　u－其他

A、計算出一周中你花了多少時間在各項活動上。

B、回答下列問題：

　　* 那個活動是你想少花一點時間的？為甚麼？＿＿＿＿＿＿＿＿＿＿

　　* 那個活動是你想多花一點時間的？為甚麼？＿＿＿＿＿＿＿＿＿＿

　　* 分析自己的時間分配後，你有甚麼感想？＿＿＿＿＿＿＿＿＿＿＿

　　* 比較一下，比起去年，你花在看電視的時間是更多還是更少？為甚麼？

　　＿＿＿＿＿＿＿＿＿＿＿＿＿＿＿＿＿＿＿＿＿＿＿＿＿＿＿＿＿

四 DIY：了解自己的電視習慣

　　回答下列問題：

1. 我決定要看甚麼電視節目的方法是＿＿＿＿＿＿＿＿。

2. 我最喜歡的節目是＿＿＿＿＿＿＿＿。

3. 我喜歡它的原因是（列出三個）＿＿＿＿＿＿＿、＿＿＿＿＿＿＿、

　　＿＿＿＿＿＿＿。

4. 我最不喜歡的節目是＿＿＿＿＿＿＿＿。

5. 我不喜歡的原因是（列出三個）＿＿＿＿＿＿、＿＿＿＿＿＿、

　　＿＿＿＿＿＿＿。

6. 我喜歡的外國影集是＿＿＿＿＿＿＿，因為＿＿＿＿＿＿＿＿＿。

　　我喜歡的競賽節目是＿＿＿＿＿＿＿，因為＿＿＿＿＿＿＿＿。

　　我喜歡的連續劇是＿＿＿＿＿＿＿，因為＿＿＿＿＿＿＿＿。

　　我喜歡的新聞節目是＿＿＿＿＿＿＿，因為＿＿＿＿＿＿＿＿。

7. 我看電影是為了＿＿＿＿＿＿＿＿＿＿＿＿＿＿＿＿＿＿＿＿＿。

8. 當我不喜歡我正在看的電視節目時，我會＿＿＿＿＿＿＿＿＿＿＿。

9. 你曾經將你對一個節目的意見寫信或打電話去電視臺嗎？＿＿＿＿＿。

10. 你認為真實生活中，人們是否和電視劇中的角色一樣地生活、工作、過日

　　子？＿＿＿＿＿＿＿＿＿＿＿＿＿＿＿＿＿＿＿＿＿＿＿＿＿＿。

〔活動二〕故事元素分析

㈠目的

　　使自己了解電視劇是由下列主要元素構成：角色、背景、衝突、情節、邏輯性。藉比較電視故事中人物、情節、衝突等元素與真實生活中的人物、事件、問題，讓觀眾了解電視上的虛構故事如何反映或轉化成真實生活。

㈡目標

　　1.敘述角色的特質，進而與自己的經驗做聯結。

　　2.敘述節目的時空背景，並分析背景如何營造氣氛。

　　3.說出節目中的衝突事件，並分析原因。

　　4.利用四格畫面將節目的重要發展過程加以摘要。

　　5.決定節目的主題所在，並與自己的生活經驗聯結。

　　6.指出電視節目中不合邏輯的事例，並對這些不合邏輯的事件對節目進行發展的影響加以分析。

㈢DIY：看一齣電視劇，然後完成下列故事元素檢核表

故　事　元　素	我　的　觀　察
角色 性別、年齡、職業 服裝打扮、模樣 有何特殊動作 說話習慣（口頭禪） 角色的屬性（好人／壞人……） 什麼樣的線索幫助你形成看法 同樣的角色是否也出現在你日常交往的親友中	
背影 事件（或動作）發生在那一天 事件（或動作）發生在那一年 事件（或動作）發生在甚麼地點 這樣的背景如何幫助節目營造故事氛圍 如果相同故事發生在不同背景會如何 這樣的時空背景與你親身經驗或想像中的形象比較， 差別如何	
衝突 是誰與誰意見不合 是那一種衝突（是肢體上的衝突、意見上的爭執或是 個人內心的掙扎） 電視上的衝突是如何被化解 電視上的這些衝突對你有甚麼影響 你曾經有過類似的衝突嗎 你在現實生活中是如何化解這些衝突	
情節 事件發生的順序為何 每一件事件的目的為何 事件與事件間有因果關係嗎 各事件與主要故事的發展是如何串聯起來	
邏輯性 所有事件的發展都合情合理嗎 如果從故事中拿到某些事件，節目看起來還合理嗎 時空背景符合故事發生的條件嗎 你認為為甚麼電視編劇們總是無法使事件合乎邏輯	

第五篇

認識大眾傳播理論與新科技

第一章　認識大眾傳播理論

翁秀琪

一、大眾傳播理論的分類

　　大眾傳播在今天的社會裡，仍然扮演著重要的角色。我們每個人每天都會和大眾傳播媒介產生一些關係，也必須依賴大眾傳播媒介，來告訴我們一些外面世界所發生的事事物物，並且幫助我們做一些生活上的重要決定。

　　既然大眾傳播媒介對我們來說這麼重要，因此有許多研究大眾傳播的學者們，就特別關心大眾傳播對人類社會及人類的影響，也因此發展出許多相關的理論。但是，由於學者們對認識論的不同觀點，因此也就發展出不同的理論。

　　我們可以先用一個圖表將這些理論分類，然後再進一步來對這些理論的內涵加以說明。

理論分類	思想緣起	重要代表人物
實證傳播理論	實證主義	賀夫蘭（C. Hovland） 拉查斯非（P. Lazarsfeld） 懷特（D. M. White） 伯恩納（Blemler）與凱茲（Katz） 葛本納（Gerbner） 盧森袞（Rosengren） 馬康姆斯（McCombs）與 邵氏（Shaw） 郎氏夫婦（Lang and lang） 諾爾紐曼（Noelle-Neumann）
批判傳播理論	理性主義 康德的超驗哲學 （transendental philosophy） 黑格爾的辯證法	第一代法蘭克福學派學者： 歐本海默（Horkheimer） 阿多諾（Adorno） 第二代法蘭克福學派學者： 哈伯瑪斯（Habermas）
批判的政治經濟學	馬克斯主義	美洲代表：史懷斯（Smythe） 許勒（Schiller） 歐洲代表：高定（Golding） 梅鐸（Murdock）
英國的文化研究	符號學 結構主義 後結構主義	賀格（Hogart） 湯遜（Thompson） 威廉斯（Williams） 賀爾（Hall） 摩尼（Morley）

㈠ 實證傳播研究

　　實證典範（positivism）一般認為始於孔德（Comte）。這個典範主張以自然科學的方法研究社會現象，認為任何知識都是經過神學、形上學兩個階段，從而進入實證或科學的階段。孔德主張揚棄形上學不可觀察的現象，從可觀察的現象中去尋找事務的原理原則，並強調科學的最終極目標在預測。

　　實證主義自提出以來，慢慢發展成一種全球性的政治和學術運動。到了二十世紀初期，維也納學圈（The Vienna Circle）的邏輯實證論（或稱邏輯經驗論）變成科學哲學中最具影響力的一支。流風所及，使得實證研究法直至近年來仍為社會科學的主流典範。

　　傳播研究在這樣一個典範的影響之下，使用實證研究的實驗法、問卷調查法、小樣本連續訪問法（panel）等收集資料，發展出許多解釋大眾傳播、人以及社會之間關係的理論。這些理論所提問的問題有：大眾傳播媒介對人們意見、態度和行為的影響如何？這些影響是如何產生的？甚麼是改變人們態度最有效的方法？（例如，拉斯威爾等的宣傳研究、賀夫蘭等的勸服研究、拉查斯非等人的選舉研究）這個研究取向到 1960 年，有嘉納柏（J. Klapper）在《大眾傳播的效果》一書中總其成，做成了「傳播效果庶幾有限」的暫時性結論。

　　實證傳播研究發展到這個階段碰到了一個大的瓶頸。傳播科技發展至這個階段，可謂有長足發展，電視也被正式地運用到政治活動（例如，美國總統候選人的電視大辯論），社會運動者亦頻頻爭取利用大眾傳播媒介，作為宣揚自己理念的場域。種種訊息透露出

來的是：大眾傳播十分有威力，可是實證研究的結果又老是找不到傳播的效果。

這時，傳播研究者開始懷疑自己是否問錯問題了。當時在美國北卡羅萊納州的兩位學者馬康姆斯（M. McCombs）和邵氏（D. Shaw）就認為，傳播內容只要對人們的認知產生影響就應該屬有效果，而打破了過去對效果的定義：大眾傳播內容必須對人類的意見、態度或行為產生影響才算「有效果」。馬康姆斯和邵氏兩人針對 1968 年的美國總統選舉做了研究。這個研究發現：大眾傳播媒介報導的重點，與閱聽大眾腦海中認為重要的題材間有一強而正面的關係，會導致人們對這些題材與事件的重視程度，因此而提出了在大眾傳播理論中頗負盛名的「議題設定理論」（Agenda Setting）。如前所述，傳播效果有限論透過嘉納伯的發揚光大後，即已達強弩之末，傳播研究者急於替傳播研究另闢蹊徑，兩人的研究無疑指出了一條新的道路，使得研究的重點，從以往注意媒介內容對閱聽大眾意見、態度和行為的影響等等，轉移到對認知的影響。

七〇年代異軍突起的議題設定功能研究，固然打破了「有限效果說」中，媒介只能加強原有態度（reinforcement）的說法，但是媒介的效果也其實並非是所向披靡的。馬康姆斯就指出，媒介議題設定功能並非對所有的人、所有的議題、在所有的情況下都具有同等的影響力。馬康姆斯和邵氏兩人更進而指出，要建立一個完整的議題設定理論，必須結合宏觀與微觀兩個層面的研究。宏觀層面需以大眾整體為對象，來探討議題設定效果。微觀層面則需以不同個人為研究對象，來探討影響議題設定效果的相關條件（contingent conditions）。

　　議題設定理論的重點是說：媒介將重要議題告訴公眾（media agenda），因此形成公眾議題（public agenda）。可是，在許多實證研究發現，媒介議題與公眾議題間的關連並不是那麼直接，這中間還必須考慮到其他的因素。像郎氏夫婦就認為，媒介議題與公眾議題之間的關係，其實比議題設定所假定的更為複雜，研究者必須考慮兩者是在特殊的媒介環境中（media context）相互作用的，也就是說還必須考慮到議題形成當時的政治環境；同時，議題與議題之間也是會相互競爭的。更有德國的傳播研究者指出，議題除了會從傳播媒介流動至閱聽大眾之外，議題在傳播媒介之間也會相互流動。而這種流動是會受到議題性質的影響的，例如，研究就發現，官方議題會從建制媒介流動到另類媒介（alternative media），學者稱這種流動為「溢散效果」，而敏感性議題的流動方向，則會從另類媒介流動到建制媒介，而將之稱為「共鳴效果」。

　　以上不論是宣傳研究、勸服研究、兩級傳播研究、議題設定理論或議題建構理論，研究者基本上是將「權力」置於大眾傳播媒介（也就是生產）的這一端。但是有些學者〔例如凱茲（E. Katz）、伯恩納（J. G. Blumler）、古烈域（M. Gurevitch）〕卻認為這樣的預設是不正確的。他們認為在整個傳播的過程中，閱聽大眾也不是那麼的無力，他們也具有某種程度的「相對自主性」。因此這些學者將過去提問的方式倒過來問。他們不再問「傳播內容對閱聽大眾的影響何在？」而是問「閱聽大眾如何使用傳播內容？使用以後得到了甚麼？」也因此將「權力」從生產的一端轉交到消費的一端，這就發展出有名的「使用與滿足理論」。

　　使用與滿足理論（Use and Gratification）的發展對傳播研究的意義是：1.修正了以往的傳播效果研究角度。過去注重研究態度變遷與勸服等；現在則注意閱聽人的需求及滿足。 2.研究重點與過去不同，過去以傳播者及訊息內容的研究為主導；現在則以閱聽人的研究為主導。 3.將閱聽人的傳播行為，從過去被牽制的應變項轉為自主性自變項。 4.是一種長期效果的研究。 5.是功能的研究，是從個人的角度，探討大眾傳播媒介對個人產生的效果為何。

　　「使用與滿足理論」自七〇年代蓬勃發展以來，一直面臨譽隨之，謗亦隨之的尷尬處境。學界對此理論的批評約可歸納出以下幾點：1.太重視個人資料，所以很難將個人資料推論到社會結構層面上。 2.研究資料的收集，太依賴閱聽人的自我報告，而且太注重閱聽人的心理狀況，同時，對需求和動機所下的定義並不明確。 3.認為閱聽人會主動尋求訊息，與理論的另一假設──「人的動機受制於基本需求及社會經驗」相矛盾；另外，也有實證研究發現閱聽人對訊息非常沒有選擇性。 4.本理論對媒介內容極少或完全不重視，有失其完整性。 5.本理論強調閱聽人的主動需求，等於是替不好的媒介內容製作者提供了藉口───一切以滿足閱聽人需求為媒介內容製作方針。

　　八〇年代末期，使用與滿足理論走到了一個瓶頸，於是有諸如溫得爾（S. Windahl）等學者建議，結合「使用與滿足」及「媒介效果」這兩種研究傳統的可能性。值得注意的是：八〇年代以後，有愈來愈多的實證研究回應溫得爾的主張，將媒介使用與媒介效果兩者，結合為一個涵蓋面更廣的使用與效果模式。

　　八〇年代可視為閱聽人研究最為蓬勃發展的年代。「接收分

析」（Reception Analysis）是閱聽人研究最新的發展趨勢，它在理論部分企圖整合社會科學和人文學科的理論觀點，在方法學上則同時針對閱聽人與媒介內容做資料的收集，而研究的旨趣，則不離閱聽人「解碼」的探討。

接收分析最特別的地方，是在於它視閱聽人為有能力自文本（text）中解讀意義的主體，並強調文本的意義，來自文本與閱聽人相互互動的結果，另外強調製碼（encode）與解碼（decode）兩端應同時研究。可見，接收分析避免把閱聽人當「文化祭品」，強調閱聽人在解讀上的主動形象，但同時它亦不忽略媒介正文的力量，避免陷於唯心主義中。

另外在主流傳播的領域中，還有兩個理論取向，常被人拿來相互比較的，此即以美國葛本納為首的涵化理論和瑞典的文化指標研究。

葛本納（G. Gerbner）的涵化研究，在執行上分為「內容分析」（Content Analysis）和「閱聽人調查」（Audience Research）兩部分。

內容分析部分，主要是發展出所謂的「暴力指標」（violence index），使得電視暴力的內容可以被測量。在閱聽人分析的部分，則將閱聽人分為「多看組」和「少看組」兩組，然後再比較此兩組在看電視後所受的不同影響，以證明電視的涵化效果。

至於瑞典的文化指標研究，則是第一個將文化指標研究與社會變遷研究結合在一起的研究。例如，瑞典 "CISSS"（Cultural Indicators: The Swedish Symbol System 1945-1975）的研究計畫，便企圖為瑞典戰後社會的不同部分（如宗教、廣告、文學、外交政策

和自由、平等等）建構文化指標。

最後一個本文要介紹的主流傳播理論，是結合民意與大眾傳播研究的「沉默的螺旋理論」，這是德國的一位女學者諾爾紐曼（Noelle-Neumann）發展出來的。這個理論假設人類都有害怕孤立的弱點，但光是害怕孤立不至於影響民意的形成。主要是當個人覺察到自己對某個論題的意見，與環境中的強勢意見不一致（或一致）的時候，害怕孤立這個變項才會發揮作用，因而進一步影響個人對此論題發表自己意見的意願，致使環境中的強勢意見愈來愈強，甚至強過其實質；而弱勢意見則愈來愈弱，甚至弱過其實質。而民意就是在這一個強大的、個人所覺察的「公眾效果壓力」下產生的。這種民意形成的動力像極了「沈默的螺旋」，諾爾紐曼因此把她的理論命名為「沈默的螺旋理論」。

「沈默的螺旋理論」（The Spiral of Silence）與「議題設定理論」、「議題建構理論」（Agenda Building）、「涵化理論」（Cultivation Theory）和瑞典的文化指標研究（Cultural Indicatory）同為七〇年代以後重要的研究媒介、個人和社會之間關係的重要理論。為「媒介如何建構社會真實」，以及媒介內容如何影響個人腦海中的外在世界圖像，提供了嶄新的研究角度。

(二) 批判傳播理論

1961 年，在德國杜賓根（Tuebingen）的一場學術研討會中，批判典範宗師阿多諾和實證典範代言人樸伯（Popper），以及當時仍以批判典範學生輩參予辯論的哈伯瑪斯和另一實證典範代言人艾伯特（Albert）等人之間的大辯論，可說熱鬧滾滾——它一方面揭

開了德國社會學界的方法論大辯論，另一方面，也影響了全球社會科學界對方法典範的極度關注。

　　阿多諾發展出「反的辯證法」（negative dialectic），跳脫自黑格爾以來的「正反合」三段論式的辯證方法。對阿多諾而言，抓住「反」的精神，並自其發展出理性，就是所有知識的泉源。

　　而法蘭克福學派的第二代宗師哈伯瑪斯則強調「了解的理性」（comprehensive rationality），而「了解的理性」植基於自我反省上，哈伯瑪斯認為這才是獲取真知識的方法。

　　批判理論（法蘭克福學派）對社會學界（包括大眾傳播學界）的貢獻，除了在科學哲學的部分，主張以辯證的方法，取代自然科學的方法，以「了解的理性」取代「工具理性」之外，最主要的貢獻，還在於此派在文化批判上的獨到見解。當然，批判理論的第二代大師，百科全書型的學者哈伯瑪斯對西方世界公共領域結構變遷的討論，及其所發展出來的溝通行動理論，更是對當代民主理論、民意研究及傳播研究產生極大的影響。

　　法蘭克福學派的學者們承繼德國的哲學傳統：康德對理性和知識的關懷，黑格爾對「精神」（spirit）的探討，馬克思對特殊歷史型態──資本主義的剖析，本著批判的精神與態度，希望能發展出一套批判所有社會實踐的原理原則，揭發隱藏在其後的意識形態。

　　法蘭克福學派的學者們最終極的關懷是人類的解放，因此，他們反對所有形式的管理和控制。在這一點上，所有法蘭克福學派學者的箭頭都是一致的，這可以從他們對文化工業的批評、對威權人格的分析、對公共領域的討論，以及企圖為法蘭克福學派構築理論

基礎的溝通行動理論上一窺究竟。

第一代法蘭克福學派的學者們〔如阿多諾（Adorna）、歐本海默（Horkheimer）、馬庫塞（H. Marcuse）等人〕，往往被批評為只有立場而沒有理論，故而哈伯瑪斯（J. Halemao）致力為批判理論建構一個以認識論為出發點的理論，以人為主要的關懷面，關注人的解放。哈伯瑪斯於 1981 年出版的兩鉅冊《溝通行動理論》（Habermas, 1981）就是此一努力的具體成果。

哈伯瑪斯強調「了解」的重要性，並認為達成了解的行動是解決人類問題的基礎，因此，他要探索的，即是這種促成人類能彼此了解的溝通行動的基本條件是甚麼？對哈伯瑪斯而言，了解意味著透過相互共同性和相互主觀性來達成一種同意，而這樣的同意的達成，又需植基於共同的知識背景、彼此的相互信任及一致性的基礎上。而這種溝通行動的得以完成，又得要靠個人能具備溝通的理性方可。哈伯瑪斯強調，這樣的溝通理性，可以使得日常人與人間的辯論過程，避免瑣碎與使用暴力。

由於溝通行動產生於社會文化結構中，因此哈伯瑪斯強調生命世界的重要性。他指出三個可以促進人類彼此了解的結構性要素：1.個人在其文化傳統中溝通；2.個人透過他們在團體中的成員身分相互主觀的溝通；3.個人必須與其下一代溝通。這樣做，一個社會的文化、知識、價值觀等才得以承傳。

由以上的論述看來，對哈伯瑪斯而言，傳播變成同一文化中成員彼此協商，以達成了解的過程，對於個人對抗系統世界的入侵，確保個人的自主性及解放而言，具有不可言喻的重要性。

不論是第一代法蘭克福學派的學者對物化、文化工業、權威性

人格的批判；或是第二代法蘭克福學者，對系統世界殖民生命世界
提出警語，他們最終極的關懷都是人類的解放，不為資本社會（不
論是經濟系統部門或是行政系統部門）所宰制，對當代人提供了一
個反省的基準點。

(三) 批判的政治經濟學

英國政治經濟學的兩位代表人物高定（P. Golding）和梅鐸
（G. Murdock）曾在一篇與行政研究（即本文前述實證傳播理論所
涵括的傳播研究）和「文化研究」對話的文章——〈文化，傳播，
與政治經濟學〉——中指出，以行政、批判二元對立的方式來看待
傳播研究，對傳播研究的分析，沒有甚麼幫助。

批判的政治經濟學派和文化研究均屬新馬克斯學派（Neo-
Marxist）的一支，兩者均關心權力在傳播過程中的運作，唯二者
所奉為不同的承傳，自然走出不同的路來，所成就的規模自亦不
同。

文化研究的一支，將不同形式的媒介，視為意義安排的特殊機
制，而另一支（多義性的一支）則強調閱聽人在意義釋出時，其所
扮演的角色。批判的政治經濟學者認為，文化研究最儼重的錯誤，
在於他們或只研究文化產品的文本（如結構主義一派），最多將閱
聽人如何詮釋文本加進去〔如費斯（J. Fiske）等人〕，至於這些
文本是如何被產製出來的，則有所忽略；換言之，對整個文化工業
的運作狀況並不關懷，這在批判的政治經濟學者們看來是很嚴重的
缺失。

簡單的說，批判的政治經濟學在認識論上是採「唯實」的立

場;換言之,批判的政治經濟學派,強調它所研究的對象是「真實存在的」。也因此,它要研究的是行動與結構(研究真實世界中,限制人活動的條件與狀況)。在這個意義之下,批判政治經濟學的分析是唯物的,將分析焦點放在人和他的物質環境互動上,以揭露物質資源所受的不公平控制,以及這種不公平分配,所可能帶來的符號環境上的不公平現象。

其次,批判的政治經濟學分析是「歷史的」——致力於晚期資本主義社會的分析,而研究的主體則為文化工業。

至於批判的政治經濟學所研究實踐的核心,是從文化工業的生產、文本到消費的一系列問題:

1.有關文化產品的生產及其對文化產品消費的影響:關懷的重心在於操控文化生產和分配力量的改變,如何限制或強化了公共領域的存在。研究的焦點有:(1)所有權類型控制傳播活動的影響力;(2)國家管制和傳播機構之間關係的本質。

2.文本的生產條件和文本再現了甚麼之間的關係,研究的課題有:(1)特定的文化形式(管制公眾論述的機制)是否使某種論述產生作用:論述是否以官方說法為主?是否提供了接合「反論述」的空間?(2)文本中的論述呈現方式,是否使閱聽人偏好某一種論述?

3.文化消費的政治經濟學:致力於研究物質(如家庭消費能力、價格定位)和文化資源(如社會位置、個人在生產系統中的位置)對文化消費的影響。

㈣ 英國的文化研究

文化研究在英國興起之時,英國的政經環境正經歷重大變遷,

使得文化研究能對國家威權及社會發展迅速反應。這方面的研究雖然最先發源於伯明罕的當代文化研究中心，但他實際結合了英國學術界和知識界的力量，從英國的本土文化（工人階級文化、大眾媒介、體育、舞蹈等）著手，對傳播作出了央格魯薩克遜的貢獻。

　　英國文化研究的發展可分為四個階段：1.文學批評；2.文化批評；3.意識形態的批評；4.後現代社會及文化現象的研究；重要的代表人物如前面提到的湯遜（E. P. Thompson）、賀格（R. Hoggart）、威廉斯（R. Williams）及賀爾（S. Hall）等人。

　　英國文化研究的代表人物賀爾，曾為文介紹英國文化研究的兩個典範：文化主義（culturalism）的文化研究，以及結構主義（structuralism）的文化研究。

　　文化研究關心的是文化與社會，不論是文化主義或是結構主義的文化研究，都企圖以宏觀的角度來解釋社會權力的運作，或多或少都受馬克斯主義的影響，但又都努力想超越馬克斯僵化的教條。

　　但是，在面對文化、意識形態、情境等概念時，文化主義與結構主義又呈現了不同的觀點。

　　文化主義者認為，任何文化活動的意義，必須由當事人的主觀加以詮釋。社會成員親身體驗他們的生活情境、定義和反映此一情境。

　　結構主義者則認為，文化是透過符號的結構而產生意義，而且社會成員不論是解釋生活實況，或是從經驗中吸取意義，在在都需要透過語言、符號，而且唯有透過這些架構，生活才可被分類、辨認，進而呈現出意義。因此結構主義的文化研究注重文本的分析。

　　綜合言之，英國的文化研究對當代傳播研究有兩大影響：1.視

文化研究為研究傳播及大眾傳播媒介的適當管道；2.強調對意識形態、權力、宰制等的研究，給傳播研究注入了新的活水源頭。

二、多元化發展的傳播理論研究

由於對認識論採取不同的觀點，以及對人、社會和大眾傳播媒介有不同的關懷層次，遂有不同的提問方式，也因而產生了不同的傳播理論。例如，以法蘭克福學派為首的批判理論，以其注重歷史性、對資本主義社會及文化批判，又提出「溝通行動理論」等等，對傳播理論建構，貢獻頗大。批判的政治經濟學者，則關懷文化物質基礎與文化消費間的關係。英國的文化研究則以生活、文化以及意識形態等為傳播研究的焦點。凡此種種都大大拓展了傳統傳播研究的畛域，使傳播研究變成名副其實的「百花齊放」、「百家齊鳴」，熱鬧有趣極了。

第二章
認識大眾傳播與民意發展

徐美苓

一、民意的源起與發展

「民意」一直被視為社會科學中的重要探討課題。多年來,有關民意的定義紛沓雜陳。哲學家、法學家、歷史學家、政治學者與傳播學者都曾嘗試為民意下一單一定義,卻苦無定論。

民意這個觀念的源起,可追溯至古希臘時代,柏拉圖與亞里斯多德強調公眾參與政治討論及政治決策的民主理念,但這個觀念的成形與漸具規模,則是十八世紀歐洲啟蒙運動時期的事。十八世紀以前,「民」和「意」是單獨使用的。

「民」可指公眾常去之處,或公眾共同關心之事、公共利益與共同福利,美國林肯總統的「民有」與「民享」理念亦即指此。「意」則指對事實的判斷,或指社會的習俗與常模。十八世紀以後的民意,多指要求順從的社會壓力。

民意的測量意見或態度的表達方式,以及民意的意涵密不可

分。事實上，每一種測量民意的方法或技巧，都反映了其特殊的意見溝通過程。例如，現代民意測驗運作的原則，乃假定民意為個人意見的總匯，而民意測驗訪員與受訪者之間隱密與匿名性的溝通，也被視為一種公開的表達。

民意的演變，在文獻上迄今尚無一完整記載。然而從幾個重要民意表達工具的發展，與從柏拉圖到哈伯瑪斯等哲學家思維的精髓，或可略窺其端倪。

古希臘的哲學家可說是最早提及民意概念的。柏拉圖反對由人民集體決定政策的政治過程，在其所著的《理想國》一書中，他主張由少數賢德才智之士當權的貴族政治，亦即強調「人治」的賢能政治。相對地，亞里斯多德則主張憲政制度，即所謂「法治」。他認為國民是有權力參加政府活動的人，因此公民應積極的參加公民大會及充任陪審官。在古希臘時期，用來傳達民意的工具與管道，除了有限度的選舉外，尚包括慶典活動、宣傳小冊與戲劇表演等，但動員與左右民意或輿論最有利的工具，則莫過於演辯術（oratory）。希臘人對政治思想的重大貢獻，乃是自由與民主的理想。然而希臘人的自由觀念，在實際政治的運作上並不是成功的。由於每個人對國家的事務有同等的發言權，則任何人的意見都無法單獨發揮重要影響力。為了要在政治上嶄露頭角，如何運用演辯術與修辭迎合與煽動群眾心理，便成了操縱與掌控民意的利器。以演辯術作為民意表達和評量的方式，一直沿襲至希臘後期與羅馬的政治發展。

在大多數的文獻記載中，羅馬帝國衰亡後至印刷術發明期間的民意發展，可說呈現一真空狀態。在當時的社會，人口散居鄉間，

加上因教育不普及而造成的低識字率，導致政治訊息與意見溝通的不易。到了十六世紀，兩項重大事件影響民意史的發展：一為馬克維里（Machiavelli）在《君主論》（*The Prince*）與《政治論叢》（*The Discourses*）中所提的政治主張；另一則為印刷術的普及。以馬克維里《君主論》中的論述為例，他認為一個成功的君主，應使人民畏懼而不是厭惡，並且不輕易表現過分的仁慈與寬大。如此，方能掌握權力，獲得人民忠實的服從。這種強調權術與表面工夫的方式，可說是影響民意說服與操縱的要素。馬克維里也可視為最早主張「形象管理」的實行者。

　　馬克維里的《君主論》在十七世紀發行時，傳播科技正逢一革命性的發展。亦即印刷媒體的興起。印刷媒體的崛起是「現代公眾」（modern public）的催生劑。在印刷媒體尚未出現時，民意的溝通完全仰賴口語與面對面的傳達，而民意傳送的對象，往往是短暫聚集一處的群眾（crowd）。印刷媒體發明後，人與人之間因閱讀與觀念的溝通而形成了公眾。十七世紀初，儘管印刷術加速了政治訊息的吸收與交流，識字率仍然普遍低落，一些依賴口語傳播的民意發表途徑依舊盛行，例如街頭遊行、暴動與喜劇式的公開儀式等。至十七世紀中葉，較具規模的民意表達方式，亦即請願（petition），在社會上出現。以英國為例，人民向國會請願時，通常會在國會前聚集作抗爭。他們請願的事項，可從商業的過度壟斷到和平的重要性。由於英國國會擔心民眾請願時的抗爭，會引起群眾暴動，便於 1698－1699 年通過立法，只允許經由一名國會議員代為請願。這項立法，也奠定了今後政府在民意溝通過程中，扮演了重要角色的基礎。

　　法國大革命前的「沙龍」（salon）與十八、九世紀英國倫敦的咖啡屋（coffee house），同為當時民意發表與測量的重要管道。聚集在這些場所者，多為中、上層階級的精英分子。他們交換意見的範圍包羅萬象，涵蓋宗教、政治與藝術等。他們交談的內容，也成為公共論述的一部分。哈伯瑪斯（Habermas）更把沙龍與咖啡屋稱作是「公共領域」（public sphere）發展的催化劑（為了行文方便，有關公共領域的意涵與特色，將在後文方作一詳細解說）。

　　法國大革命可以說是第一個因民意而改變政府的革命。法國大革命爆發前夕，政治活躍分子以散發報紙、政治卡通以及策劃反政府遊行等方式，動員民意以對抗專政。這些不同的方式，也逐漸取代沙龍，成為民意表達與測量的管道。

　　現代民意測量與表達的方法，始於十八世紀末期與十九世紀初期。「選舉」在當時民意發展的過程中，扮演了一轉據點的角色。雖然印度早在西元前三百年就已開始有祕密投票，大規模且以民意為依歸的選舉，則始於殖民時期的美國。隨著選舉的普遍，以測量民意或輿論為主的「假投票」（straw polls）也應運而生。所謂民意，逐由公眾討論、交流以達共識的方式，轉化為個人私下表達意見的總匯。對當時美國急速成長的民主而言，這種集合個人單獨所表達意見的方式，提供了有效且合理測量政治參與和平等的指標。

　　選舉的普遍以及評定民意的新方法，使得大眾傳播媒體成為了解民意氣候的重要工具。早期的報紙銷售量，與後來廣播和電視節目的收視率都被用來當作民意評定的數據。英國學者布萊斯（Bryce）更指出，媒體與民意之間存在著一種動態（dynamic）的

關係。他認為儘管選舉、政黨活動等方式都可探測民意,報紙卻是所有媒體中最有力的民意管道。每天發行的日報不僅敘述、報告重要事件,倡導爭議的各種意識形態立場,更是預測民意氣候的「風信雞」。有關媒體與民意之間的互動關係,會在後文再做詳細剖析;在此,先將以上的民意發展用兩個理論架構作一綜合整理,這兩個理論架構是:古典民主論(classic democratic theory)與韋伯(Weber)的理性化(rationalization)模式。

(一) 古典民主論

　　古典民主論強調的是古希臘雅典民主的公眾辯論、直接參與與大多數原則的精神。在今日多數的民主社會中,雖然由於人數龐大,直接的民主參與似乎不太可能,但古典民主論的原則卻影響現代民主發展殊深。代表古典民主論的思想家,包括法國的盧梭與孟德斯鳩、英國的邊沁、美國的約翰‧杜威與威廉斯等。這些學者對民主與民意的探討雖然不盡相同,但就現代社會的統治過程言,則可找出以下三項共通點:

　　1.以公益,亦即大多數人共同的福祉為中心。

　　2.強調公眾對政府最大的參與。

　　3.對政治進行理性的討論與辯論。

　　古典民主論的盛行,與十七世紀末及十八世紀初歐洲資本主義與中產階級的崛起有關。印刷術的發明造成了文字的普及,十六世紀新教強調對人的重視,至十七世紀宗教改革時,已深植起自由哲學觀,亦即個人有選擇自己在宗教、經濟與政治生活的權利。到了十八世紀,受教育的知識分子,大量接觸政治與社會方面資訊。這

些知識分子儼然成為中產階級的中堅，他們經常聚集在咖啡屋或沙龍等公共場所，公開自由討論時事與政治。據德國學者哈伯瑪斯指出，古典民主論強調的民意，具有理性與平等兩大特色。這種民意是理性的，因為其形成的過程，是透過理智的對話，與主動的互相交流及辯論；這種民意也是平等的，因為互相交流與辯論的過程不僅是公開的，且是為著大多數人的福祉，而非少數人的私利。

然而，此種哈伯瑪斯稱之為在「公共領域」中形成的民意，是否為完全的平等、理性並具批判特色，卻留有許多疑點。首先根據當騰（Darnton）一項十八世紀法國新聞業的研究，法國革命前的公眾討論多流於上流社會煽情與泛道德的批評，而非知性與自由民主的民意，當騰將這種討論稱之為「政治黃腔」（politicopornography）。其他的歷史學者也指出，許多啟蒙時期的知識分子事實上都是個人主義者。例如十八世紀中期，法國的政治思想家因害怕英國完全放任式的民主，會導致社會的不安定，故不敢鼓吹以公益為目的的民意。他們逐轉而強調威權人士所主張的抽象與非人性化的民意。再者，參與公眾討論者，多為受過教育的知識分子。這些人成為社會上的新權貴、新階級，他們所鼓吹的民意，以對抗政治專政為目的，所謂的公眾，因而限制於這些特定政治意識形態的新階級。

儘管十八世紀的英法等國，是否切實達到了古典民主論中的民意主張，仍令人存疑，但對今日研究民意的學者而言，卻不啻提供了一個珍貴的參考常模。我們可以藉此比較究竟今日民主社會，是漸漸趨近或遠離古典民主論中所言的「直接參與」與「公開辯論」的理想？同樣，我們也可據此觀察今日的民意表達與測驗方式，是

否反映了古典論中的民意精神？

㈡ 韋伯的理性化模式

　　韋伯的「理性化」模式可作為另一個討論民意發展的理論架構。韋伯相信世界近代史的進展過程，在本質上是理性主義的普遍滲透與不斷擴展的過程。而所謂大眾社會，即是這種理性化過程中，在社會各方滲透、擴散的必然結局。大眾社會的理性性格，一方面確立了政治權力，以及資本家經營管理權的合法性支配基礎；另方面，也促進了為統治與管理手段性質的科層組織（bureaucratic organization）的蓬勃發展。然而由於組織科層制化的擴展，以及社會功能的分化，社會愈益呈現嚴密且高度的組織化現象，但個人之間的實際關係，卻愈來愈片斷化、表層化及利害化。根據韋伯的理性化主張，由於現代社會民意調查工具及科技的普及，使得民意的表達較早期的沙龍、咖啡屋或街頭抗爭等傳統方式，更為結構化（structured）。十八世紀末及十九世紀開始盛行的普選，同樣也加速了民意的理性化。這種強調理性化的民意趨勢，受邊沁（Bentham）與彌勒（Miller）等英國功利主義學者的政治思想影響甚深。不同於盧梭所提倡的舊道德與傳統的社會契約和自然權利論，功利主義所強調的，是落實法律層面、最大多數的最大利益。因此只有實行多數決定（majority rule）的民主政治，亦即透過普遍選舉，才能獲致「最大多數的最大幸福」。

　　功利主義者所採取的法律哲學，乃是利益說。立法者或政府為使社會利益得到和解，有權干涉人民的生活。韋伯的理性化論點能幫助我們理解，何以組織與個人，能藉由民意測驗的方式，有效地

將對人民的監督制度化。換句話說,在大眾社會中,由政府及大企業家所主導的民意調查,是一種由上往下(top-down)而非由下往上(bottom-up)的社會控制。大多數人意見交流的重心,從身邊周圍的地方事務轉化為國家性的議題。同時,人人(特別是政府與大企業家)都想知道他人在想甚麼,以及別人是否會告訴你他(她)的想法。

綜合以上討論,古典民主論強調的民意著重於公眾的政治參與,理性與平等的公眾討論,參與討論的公眾則為受過教育的知識分子。相對地,韋伯理性化主張或功利主義下的民意,注重個人利益,經由選舉與公民投票的方式,不同的個人利益可獲得調解,而參與的公眾則指具有投票權的選民。

二、重要的民意研究

民意與大眾傳播之間,存在著微妙又複雜的依存關係。大眾傳播科技的發達,改變了民主政治的運作,也使得民意形成的過程產生變化,不論是精英分子或非精英分子,都必須仰賴大眾傳播媒體,而獲得外在的資訊,形成、擴散或改變自己或別人的意見。在大眾傳播理論中,研究媒體如何影響大眾認知、態度或行為的理論很多,前面章節經已論及,茲再就「議題設定」與「沈默螺旋論」這兩個重要的傳播理論,探討其大眾傳播與民意關係的層面。

㈠ 議題設定(Agenda-setting)

前文已指出,媒體的「議題設定」,是由美國學者馬康姆斯

（McCombs）與蕭氏（Shaw）於 1972 年所提出。在他們的選舉實證研究中發現，大眾傳播媒體所重視的問題與公眾所重視的問題，有高度的關聯性。也就是說媒體對議題報導量的多寡，與議題在媒體中所呈現的顯著程度，會影響公眾對議題重要性的認知。馬康姆斯與蕭氏的研究結果，同時也證實了柯亨（Cohen）在 1963 年時所提出的論點：大部分的時候，媒體的力量並不在於叫人們去想甚麼（what to think），而是極成功地告訴人們，可以想些甚麼（what to think about）。

　　馬康姆斯與爾氏的研究結果，很快就獲得其他研究的支持。例如，方克郝舍（Funkhouser）從事美國大眾對 1960 年代，各種議題的重要性優先順序分析時，曾模仿蓋洛普民意調查的問法：「你認為目前國家最重要的問題是甚麼？」以研究大眾是否受到新聞，對各個議題報導量的多寡所影響。他並且經由設計，使得有些報導的內容與事實有所不符（例如，深入越戰的軍隊人數以及犯罪率等等）。這項研究結果發現，大家對事件的重要性優先次序，和報導消息量很有關聯，而與事實的關聯性則較低。方克郝舍認為，這是由於大眾傳播媒體，主要在報導具有新聞價值的事件，而甚少報導不具新聞價值的事件之故。另一位美國學者韋佛（Weaver）研究 1976 年美國大選，也發現選民所重視的問題，深受大眾傳播媒體的影響。媒體不僅決定誰會被提名參選，更塑造了候選人的形象。因此，大眾傳播媒體的議題設定功能，可能會決定誰在選舉中獲勝。近年來，艾燕葛（Iyengar）與金德（Kinder）兩人，又在一系列實驗中證明，愈多的電視新聞報導某項事件，愈能提高其為人所重視的程度。電視新聞一方面影響了實驗受試者對議題重要性的認

知;而另一方面,這種使某一事件凸顯的操弄(或譯「定調」)(priming),也會影響到他們對選舉候選人的評估。

媒體議題設定對民意影響力的論點,基本上是假設新聞媒體在呈現或建構社會真實的過程中,具有高度同質性的取向,也就是說,所有新聞媒體可能呈現相同的議題,對於同一議題的討論,也可能有相同或類似的論點或焦點。然而媒體議題設定功能影響民意的這個論點,都是自由民主發展,已經非常成熟的民主先進國家的學者,所提出來的理想型態。這些理想型態可能忽略了不同社會情境所潛藏的其他因素,例如,臺灣在報禁開放之初,由於新聞及言論自由突然增加,報社數量激增,而各報社為了市場競爭,各種議題百出,再加上近年來各類民間或自力救濟團體的出現,並努力動員影響民意,一般大眾在議題認知上,是否會堂媒體議題設定的左右,實在令人存疑。根據民國 78 年報紙選舉新聞的媒體議題設定效果研究的結果所顯示,報紙媒體所設定的議題,都不是民眾腦海中認為最重要的議題。而另一項在非選舉期間的研究亦指出,臺灣的大眾傳播未具有議題設定的效果。其中一個重要的解釋是,臺灣社會的主要傳播管道,不管是在選舉或非選舉期間,仍以親身傳播為主,因此削弱了大眾傳播的影響力。當然,隨著近年來臺灣媒體生態的轉變,有線電視新聞臺二十四小時的新聞重複播放,媒體議題設定的角色是否也相對增加份量,值得進一步探索。

㈡ 沈默螺旋論(Spiral of Silence)

也一如前章所述,另一個研究民意的重要傳播理論為諾爾紐曼的「沈默螺旋論」。事實上,根據董斯巴赫(Donsbach)指出,這

個理論有三大學術性支柱：即心理學、大眾傳播學與社會學。

從心理學的範疇來看，它包括以下四點考量：1.人類都擔憂會被社會環境孤立；2.人類有觀察社會意見氣候的天生能力，稱之能「準統計官能」（quasistatistical organ）；3.為了避免被孤立，當人們發現自己的意見與觀察得來的環境中的強勢意見符合時，則公開表達自己的意願高，反之，則低；4.因此，強勢意見會愈來愈強，弱勢意見則愈來愈弱，這種動力運作的過程成一螺旋狀。

從大眾傳播的觀點來看，又有以下四項論點：1.由於觀察環境中意見分布的主要來源，是大眾傳播媒體，人們通常會以為媒體上所呈現的意見，就代表了大多數人的想法；2.媒體原有所謂的「關節作用」，使得某些議題受重視，被公眾討論；同時，媒體在報導議題時，對不同論點會做不同的強調，使得自覺在媒體中能發現自己論點者，較易找到自己的社會位置，也因而較願意公開表達自己的論點；3.當大眾傳播媒體內容同質性高時，會在上述過程中產生相當大的力量；4.因此，大眾媒體傳播者，特別是編輯和記者，在民意形成的過程中，扮演了重要的角色。

另外，再從社會學的領域來看，「沈默螺旋論」則有兩個重點：1.透過上述民意過程的控制，社會可達到整合與凝聚的目的；2.即使是政府也必須屈服在民意之下。亦即民意不僅對個人，同時也是對公權力的要求和壓力。

董斯巴赫還指出，沈默螺旋的形成有三個條件：1.必須有一爭論性的議題存在；2.針對爭論性議題所表達出來的意見，重點在於道德不道德，而非合理不合理；3.在整個過程中，大眾傳播媒體所扮演的角色，特別是反映出來的主流意見，尤其不可忽略。

諾爾紐曼的「沈默螺旋論」，自提出以來，受到許多學者實證研究結果所支持。例如，葛林與麥克勞（Glynn & Mcleod）在一項1980 年美國總統大選競選前後，選民意願的調查中發現，當選民認為自己的立場與大多數人相同時會較多討論，反之，則較少討論。另外，泰勒（Taylor）研究 1980 年芝加哥郊區發展上，諸如水污染、空氣污染及核能規約等的討論議題時，也發現當居民認知其意見，會在現在或未來獲得支持時，會更願意表達個人的意見，亦即個人對占優勢意見的認知和表達自己的意願是相關的。然而諾爾紐曼、葛林與麥克勞以及泰勒等人的研究亦發現，有些人的意見雖居劣勢，但當其動機強或預期表達會有一些好處時，這些少數人還是不畏懼地表達自己的意見。

這些少數的人，或稱之為「死硬派」，有時候可以有效地左右多數人的意見，而達到其欲追求的目的。根據社會心理學者馬斯可維奇（Moscovici）的分析，少數人欲影響多數人時，需具備以下四項特質：1.堅持一致：少數人要堅定自己的立場，以增加多數人對其立場正確性的肯定，並可因立場不同而引發爭論，進而製造自己較多的發言機會；2.要有自信：少數人表現出的自信，一方面可以使其在面對挫折時不氣餒退縮，而在另一方面，則增強對多數人的說服力，動搖他們（多數人）原先所持的立場；3.變節者的影響：變節者指多數人中懷疑自己本身立場，並進而脫離多數而投入少數人陣營者，這些變節者的實際行動（加入少數人陣營），要比其贊成少數人的言論更具影響力，並且，容易造成一種滾雪球的作用；4.全力以赴、奉獻犧牲：少數人需要做強大的投入，集中力量，全力以赴，並且勇於奉獻犧牲，方能使多數人注目信服，並進

而考慮與少數人妥協。

　　以上乃根據議題設定與沈默螺旋論的重要論點,分析其與大眾傳播與民意動態的關係。回應前述的討論,現代社會的民意,已轉化為個人私下表達意見的總匯,而且,不論是在國內或國外,新聞媒體都成了執行民意測驗或報導測驗結果的重要管道。下面一節將特別分析新聞媒體與民意測驗的關係。

三、新聞媒體與民意測驗

　　民意測驗的使用,在政治民主化的過程中扮演了相當重要的角色。無論是在西方國家或我國,民意測驗主要皆由新聞媒體發展出來。近年來在美國,發表最普遍、流傳最廣泛的民意測驗,也都是由媒體而做的。最早由新聞媒體從事的民意測驗,源於 1824 年美國德拉威及北卡羅萊納兩州報紙的選舉報導,到了 1880 年,報紙的民意測驗成為時尚,《波士頓地球報》、《紐約前鋒論壇報》、《聖路易共和報》及《洛杉磯時報》等,都紛紛加入報導民意測驗結果的行列,1930 年代,美國媒體強調精確新聞學(precision journalism),亦即如何利用社會科學方法,提出數據,使新聞報導內容更加準確。民意測驗在新聞媒體出現的頻率,因而愈來愈高。民意測驗在 1970 年代以後的美國選舉,更是競選過程中的必需品。

　　在臺灣地區,新聞媒體投入民意研究也與政治發展密不可分。新聞媒體從事及報導民意測驗,最早始於民國 41 年 2 月《臺灣新生報》,就當時最大新聞——「對日和約」所進行的民意測驗。較

具規模的民意測驗,則首推民國 43 年 4 月,由《聯合報》舉辦讀者對當時考試院副院長羅家倫,所提倡簡體字運動所做的意見調查。《臺灣新生報》於民國 45 年 6 月率先成立臺灣地區第一個正式的民意測驗機構——「民意測驗部」。該部在成立後的六年期間(至 51 年 6 月),進行了近百次的民意測驗,而對外發表結果的共有 36 次。至於新聞媒體將社會科學方法應用至民意測驗執行及結果報導,則始於民國 72 年 8 月《聯合報》的「海外新聞供應中心」。《中國時報》在民國 74、75 年選舉期間,亦投入民意研究。其後報社進行民意測驗及新聞報導的機構蔚然成風,其時《中時晚報》(已停刊)、《聯合晚報》、《自立早報》(已停刊)、《自立晚報》(已停刊)、《自由時報》及《中央日報》(已停刊)等報社都定期或不定期地做其民意調查及報導。

在新聞媒體報導民意測驗結果主題方面,無論是在西方國家或臺灣,大多與政治選舉息息相關,其次為重大新聞事件的民意傾向預測。在美國,多位學者曾就選舉期間與非選舉期間,新聞媒體所做的民意測驗報導,做過內容分析。例如,拉夫勞卡斯、哈利和米勒(Lavrakas, Holley & Miller)等人,曾分析 1984－1988 年間,四大主要報紙的民意測驗報導,發現此類報導有逐年減少的趨勢。特勞各和拉許(Traugott & Rusch)兩人,用內容分析法分析自 1980 年以來《紐約時報》的報導亦有類似發現,但其在報刊上的顯著性卻逐年增加。民意測驗新聞報導在量方面減少,卻在顯著性方面提升的趨勢,不僅發生在報紙,在電子媒體方面亦然。布洛(Broh)分析 1972 年至 1980 年間,美國 ABC、NBC 和 CBS 這三大電視網的晚間新聞報導,與學者克南(Keenan)探討 1984 年

電視新聞民意測驗報導的研究結果，都證明了這點。

　　美國各新聞媒體從事民意測驗報導雖多，但品質卻參差不齊，最主要因素仍在於研究方法的精確性。「美國民意測驗研究協會」（Association for American Public Opinion Reseach，簡稱 AAPOR），曾公布報導民意測驗時，應注意以下八項資訊：1.樣本數；2.負責機構；3.抽樣誤差；4.抽樣母體；5.訪問方法；6.測驗時間；7.問卷問題；以及 8.研究結果的依據；如並非全體樣本時，則應加以說明。「美聯社執行編輯委員會」亦公布過八項原則，與 AAPOR 的八項資訊要求類似。

　　米勒和赫德（Miller & Hurd）。曾依 AAPOR 八項原則，分析《芝加哥論壇報》、《洛杉磯時報》及《亞特蘭大憲政報》上的民意測驗報導，發現報導中指出樣本數及負責機構兩項資訊的比例最高，而指出抽樣誤差的比例最低，選舉期間比非選舉期間的民意測驗較符合 AAPOR 要求，而報社在報導本身的民意測驗時，也比引用其他機構的民意研究結果符合 AAPOR 的標準。

　　在臺灣地區，筆者曾分析自民國 75 年 1 月解嚴以來，至 82 年 12 月八年間，包括《中國時報》、《聯合報》等十家報紙的民意測驗新聞報導。研究資料分析顯示：報導中列出負責機構、抽樣母體與樣本數的比例均至少占七成以上；而列出抽樣方式所占的比例最低，僅占兩成左右。整體而言，《中時》與《聯合》兩大報系的民意測驗報導較合乎美國 AAPOR 的原則；同樣，報社在報導自行執行的測驗結果時，亦較報導由其他機構所執行的測驗結果來得精確。

　　如前所述，民意測驗對政治民主化的過程，特別是政治選舉中

的候選人及其政黨極其重要。根據民意測驗專家郭家洛
（Goldhaber）的分析，由新聞媒體所從事的民意測驗，有下述四
項功能：1.防止媒體大量依靠候選人提出的資訊，使得媒體成為某
些候選人利用的場所；2.媒體的民意測驗可將一場混亂或沒有特色
的競選顯出活力；3.民意測驗可告知選民，候選人之間如何針對對
方的議題或論點加以反應；以及4.選後的民意測驗可找出某特定選
民群如何投票、為何投票的資訊。

　　但是，媒體大幅報導民意測驗的結果也會帶來負面效果。例如
美國媒體在 1988 年總統大選前四周，就已宣布布希當選，曾引起
學者、媒體本身以及一般大眾對於媒體利用民意測驗，左右選舉過
程的質疑。郭家洛亦指出了民意測驗的四大負面影響：1.民意測驗
以運動競賽報導方式，預測候選人的輸贏，不但詆毀競選本身的價
值，對居弱勢與領先的候選人都並非好事，居弱勢者可能無經濟或
其他支援來繼續競選，選民也可能因為感覺領先的候選人當選在
即，不需支持，轉而傾向支持其他居後的候選人；2.選前的民意測
驗可能扮演了議題設定的功能，使得記者以製造競選的新聞來取代
報導新聞；3.由於媒體民意測驗的彰顯，使得候選人無法表達自己
對議題的立場，以及個人的信念、價值與意識形態，媒體本身也難
有剩餘的時間與版面來分析嚴肅的議題；4.更重要的是，有些媒體
所做的民意測驗，不管在施行或報導上都屬品質低劣，使人不禁懷
疑民意測驗的價值。

　　以臺灣地區而言，自解嚴以來，民意測驗的使用，特別是在選
舉期間，愈益普遍。然而其中品質的參差不齊，發表結果的準確性
也同樣令人質疑。為了使民意測驗在臺灣地區的政治民主化過程能

發揮正面效果，社會大眾應督促媒體與其他民意測驗機構，重視測驗的製作程序與技術。另外，社會大眾也應提高一般民眾對民意測驗過程與結果分析的解讀能力。

四、大眾傳播與民意之間關係密切

遠在古老時期，人與人之間不但彼此知曉私事，對地方事務的熟悉與參與程度亦較深。藉由公眾討論、辯論與溝通，往往可對公眾事務達到某種共識，以解決問題，此謂之民意。民意的歷史與發展，固然同西方民主政治的發展密不可分，而民意的發展，又可以強調古希臘雅典式民主的古典民主論；或者由韋伯提出，重視嚴密科層組織及個人利害的理性化模式，這兩個理論模式來評析。

遠在 1922 年，李普曼（Lippman）在其所著的《民意》一書中，便提及媒體與民意建構的關係。在今日，雖然由於傳播科技的發達，已使民意的解釋與測量，與已往大不相同，但是如何藉由了解民意與大眾傳播之間的密切關係，而去思索如何防止媒體操縱民意的本質，應是恆久不變的。

第三章　認識傳播新科技

陳百齡

一、傳播新科技對生活的新影響

時間：公元 2010 年夏天，臺灣某市鎮⋯⋯。

向晚時分，淑卉開始一天的工作。她走進自家的書房，啟動桌上工作站電源，熟悉的電腦合成語音立刻響起，一如往常地撥報當天的重要新聞和氣象。螢幕的一角，即時傳訊的小圖像正兀自閃爍。淑卉知道，今天紐約市總公司的上司又傳送了一堆傳檔案文件要她處理。

淑卉是一家跨國公司的員工，臺灣在人力成本較歐美國家低廉許多，因此這家跨國公司在亞洲地區的若干中級管銷工作，便交由臺灣分公司員工負責。淑卉每天坐在家裡的電腦前用即時傳訊、電子郵件和北美總公司和中國大陸工廠同事相互聯繫。由於電腦和電訊網路的結合，使得原本在辦公室裡的電腦網路延伸到個人家庭。許多企業員工都在家上班，淑卉不必像當年她的父母每天通車上下班、飽受奔波之苦。在家上班不但節省了員工交通耗費的時間，減少了車輛能源的消耗，也降低了環境污染。然而，網路通勤也不完

全令人羨慕。比如：老闆可能時時透過網路，隨時監看淑卉的工作內容，使她常常覺得渾身不自在；雖然許多社會團體在網路上串連、希望立法禁止企業監控，但是代表企業利益的國會議員聯手抵制，終使法案一次次胎死腹中。先前新聞報導曾經揭露，人們過度使用電腦也可能影響個人健康，例如每天暴露在電磁波裡、以及長時間打字，對身體不利，但一般電腦上班族未必採取預防措施。除了更嚴重的是，在家上班足不出戶，長期缺乏與人面對面互動的機會，使她只能把同事都當做一個互動符號，有時他真不知道在網路的另一端與她談話的對象，到底是一個人或一隻狗！

　　淑卉的鄰居爾方用遙控器打開客廳牆上的數位電視，心裡卻還沒打定主意要看什麼節目。這部第三代數位電視液晶螢幕尺寸有如黑板大小，平日不看節目的時候，爾方通常設定播放沙漠或海底世界景致，作為客廳的壁飾。公元 2010 年，大部分無線電波用來傳輸行動通訊，但廣播電視節目則透過衛星和光纖傳送到家庭。數位內容供應商提供上百個全天候播映的節目頻道，如：新聞、氣象、電影、廣告、兒童節目、醫療保健等各式各樣的頻道。爾方對新聞節目特別感興趣，廿四小時新聞頻道是他的最愛，只要打開電視都可以找到自己有興趣的新聞報導。比起小時候所看的電視新聞，數位電視頻道提供大量新聞資訊服務，然而，爾方並不滿意當下的新聞節目，最讓他難以接受的是：許多新聞內容大都雷同、缺乏新意，雖然頻道很多、但是報導內容差別不大。都被公關、行銷機構所操控，企圖推銷企業和政府所要宣導的內容，記者所做的報導事後常常證實是錯誤或偏頗；顯然媒體資訊管道更多，並不能保證資訊更正確，記者能力未必隨著科技工具的進步而提昇，因為傳播媒

體不斷以低成本僱用新手，人員素質始終無法跟上新聞資料蒐集和查證的需求。爾方的幾位媒體界朋友便曾經談過，媒體老闆不斷尋求和採用新科技，降低工作技能門檻，使得資深的從業人員反而面臨失業危機。也就是說，新科技不但沒有用來改善新聞品質，反而變成商業媒體降低成本牟利的工具。

其實，住在都會區而有一定收入的爾方，是一個當代科技照拂的幸運兒。因為商業媒體基於成本考量，只願意在投資報酬率較高的都會區進行投資，因此都會居民如爾方可以享用各種新的資訊服務，小型鄉鎮和農村地區就沒這個運氣，由於資訊服務業者最後一哩的投資最為昂貴，因此電訊業者不願在這些地區投資，結果住在鄉下的居民無法收看這些節目。但是倘若住在都會區而無法支付各種電訊服務費用，結果依舊被排拒在資訊服務門外。

爾方的朋友道銘，是個徹頭徹尾的電影迷。打從小時候家中接上有線電視的那天起，道銘就每天盯住了電影頻道。他覺得在家看電影，省卻上電影院排隊買票的時間，實在方便，而現在的電影技術，除了聲光色的刺激進步神速外，觀眾甚至可以選擇電影情節，看電影的人可以用遙控器選擇自己喜歡的情節。道銘就是常常這樣沈醉在其中，總是有不同的情節不同的結局，讓他過足了癮。

雖然新時代的電影有趣極了，不過還是有許多問題。道銘發現，電影頻道數量增加，電影片未必增加，所以一部往往重播多次。電影頻道便多，但是電影類型和創意並未因此豐富，反而抄襲者眾，所以看來看去都是老生常談。頻道上大部分的影片都來自美國八大電影製片公司，而行銷管道也都被這些跨國片商所控制，因此也難得見到臺灣本土和其它國家如印度和俄羅斯的電影。還有，

看電影原本是件賞心樂事，但是由於電腦記錄電影觀賞付費資料，卻發生意想不到的個人資料外流問題。道銘的同事老王只看了一、兩次成人頻道，卻連續收了足足三個月由情趣商店寄來的各種廣告型錄，想必是有收視相關紀錄被人賣給相關業者。不只是收視資料，報上也揭露人們手機和各種信用資料外流，產生各種詐騙、資料濫用的犯罪事件，使得道銘和他的同事們覺得自己彷彿生活在廿四小時監控的透明監獄之中。

道銘的外甥女婷婷是個中學生，她從學校上完課回來後，都是在電腦上做作業。因為家中電腦可以直接接到學校學習資源中心的網路，婷婷便利用學習資源中心所提供的學習輔助教材和電子百科全書等資源來做作業；藉由電腦連線，她就可以和老師、同學們一起討論問題，或是聊天。婷婷特別喜歡虛擬實境技術製作的理化訓練教材。這種虛擬實境教材，可以讓婷婷漫步在電腦建構的化學週期表世界裡，也可以在用手「觸摸」原子和分子，還「打開」自己喜歡、有興趣的元素，進行主題學習；同學們在網上發言分享，也都肯定這種學習經驗！可是，婷婷對於教材也有些怨言。教材內容質量不平均，因為製作教材費用昂貴，政府投資經費有限，有些教材為電腦製作而製作，有些教材則因經費不足而因陋就簡，有些教材根本是直接從國外類似教材繙譯過來，所以未必符合本地學生需要。但最重要的是，婷婷覺得用電腦學習也許有效率，但卻不如老師同學們一起討論、對話來得生動有趣。畢竟，老師和同學們的笑容比電腦螢幕要溫暖得多了。

婷婷的三嬸淑美是一個長年操持家務的主婦，當身旁的人都學會電腦之後，她也試著跟上時代學習上網，只是她發現網際網路並

不如她想像中的友善，學電腦要先學 ABC 讓她最初吃盡苦頭，許多軟硬體設計也不適合家庭主婦的環境（例如相片只在電腦螢幕上播放，實在不方便），網路世界提供家庭主婦的有用資訊實在不多，讓她覺得網路世界，並不像人們和媒體所描述的那般神奇和美妙，但最讓淑美嬸氣結的是，每當她向家人或街坊鄰居提及類似的問題，換得的是奚落和訕笑，讓她覺得自己是否低人一等。這些因素的長期積累，所以她最後拒絕使用網路。社會上像淑美嬸這樣的科技退用者，可能不在少數，他們有些分布在都市中的中下階層家庭、有些則在偏遠的農村地區，他們有的是原住民、有的是銀髮族或家庭主婦，他們並不是不需要網路或電腦，但是科技環境設置之初，並沒有考慮他們的需求，後來社會也未必彌補這個缺憾，所以他們逐漸因社會資源而導致退用科技，而又因退用科技而致使社會資源更加貧乏，諸如此類的惡性循環其實不斷上演。

以上所描述的幾個場景，其實有一部份已經在我們的日常生活中出現，另外一部分實現的日子可能也離我們不遠。這幾個場景的共同焦點是「傳播新科技」。

二、傳播「新」科技？

一部人類歷史就是不斷發展工具、改進傳播方式的歷史。傳播工具的發展階段，也就成為我們觀察人類文明進化的一個重要指標。

「傳播科技」這個詞彙一般指的是人們用來創造、處理、傳遞、和儲存訊息的軟硬體設備（例如電腦、網路、手機和遊戲程式

等），廣義的概念則包含相關的社會團體、社群以及相對應的典章
制度（例如部落格、手機族等）。

　　人類並非地球上唯一能夠製作工具的生物，螞蟻、蜜蜂和水獺
也都會構建各種工事和居處，但是人類卻是這個星球上唯一能夠創
造物件以處理訊息的生物。語言就是一個例子。其實，我們最早的
祖先和靈長類的表親們並沒有兩樣，但由於人類發明語言，開始能
夠溝通和儲存經驗，才使得人類的智能逐漸超越其它生物。人類以
「口耳相傳」的方式來維繫歷史的記憶，持續了相當長的一段時
間，直到文字的出現，人類傳播的效率才跨進了一大步：訊息的傳
播從此脫離了人類的感官而獨立存在；許多材質（例如，羊皮和
紙）用來承載這些文字資訊。爾後，印刷術的發明，則是人類文明
的另一個轉捩點：資訊從此可以被大量複製。二十世界中葉以後，
人類的傳播史，跨入了令人驚異的電子時代：藉由電磁波，資訊因
而能被大量的儲存、傳遞或處理；各種傳播工具的製作和使用更是
以不可思議的速度不斷進行。

　　美國一位傳播學者威廉斯（F. Willams）對這個現象曾經有一
段頗為生動的比喻：他把人類語言初現的時間作為起點，再以
1980 威廉斯著書當時，作為終點，然後將這三萬六千多年等分為
二十四等分，猶如一天的二十四小時，在這個傳播科技發展的歷史
大鐘裡，文字大約在晚間八點左右出現，印刷術約在深夜十一點半
左右出現，而我們目前所熟悉的各種媒體如廣播電視、錄影機和個
人電腦，則大約都在接近午夜的五分鐘內才陸續初現。威廉斯這個
「傳播科技時鐘」的比喻，正說明這一個事實：傳播科技出現的頻
率，在近年來方興未艾，有愈來愈緊密的趨勢。此外，一項新科技

從商品上市到普及使用，時間落差也愈來愈短。從商品上市到市場佔有率佔人口 5%，電視產業花了 38 年、有線電視產業花了 13 年，而網際網路產業卻僅僅花了 5 年。

　　以近五十年來說，傳播工具的發展，就呈現幾個不同的風貌。有人把傳統的大眾媒體如：報紙、廣播、電視等，稱為「第一代媒介」；而將通信衛星、有線電視、錄放影機、個人電腦等，看作「第二代媒介」。時至今日，新的一代媒介如：數位影像、資訊高速公路和虛擬真實等等，已逐漸取代第一代和第二代媒介，而成為新千禧年傳播科技的主流。

　　在人類歷史上，傳播新科技的內涵不斷改變。嚴格地說，大部分的傳播科技，都有一部分是先前科技知識和經驗的積累和改進而來，今日我們視為理所當然的許多傳播新科技，像是電話、電腦和網際網路，其實都是源自於近一、兩百年來各種大大小小科學技術的累積與改進而來。所以「新科技」不全然「新」，例如數位計算機 1946 年在美國賓州大學摩爾學院問世之前，已經出現過幾個類比式計算機的版本，應用在人口普查和工程科學用途。其次，一項科技從實驗室開發到成為商業化上市，往往也要相當的時間，所以科技是否「新」，其實是相對的，昨天的新科技是明天的老科技；另一方面，隨著時間不斷流動，許多新科技在社會裡的的「新」角色會逐漸褪色，例如 1970 年代的衛星、1980 年代有線電視以及 1990 年代的網際網路當年都曾是獨領風騷的「新科技」，但多年以後，人們卻認為這些傳播工具是生活中理所當然的一部分。因此在未來日子裡，人類傳播「新科技」的內涵還會不斷地更新。

　　電子傳播技術是廿世紀末的「新科技」主流。自十九世紀以

來，人類已經成功地將聲音和光影轉化成電流訊號，並由這種電子形式儲存和傳送資訊。這些技術的進一步發展，才使得我們有廣播可收聽、有電視可觀賞，而家用錄放影機更讓我們有機會重複享受同一個節目。

人類使用電話和電報也有相當長的一段時間，而由於傳送電波的技術不斷改進，今日的電訊事業不僅傳送語音，也傳送文字、數據；不僅能夠模擬人類聲光影像訊號，還能夠進一步將這些聲光訊號化為可靠程度較高、電腦也讀得懂的數位訊號。

電腦（數位式計算機）最初是軍事科學家們用來計算火砲彈著點的工具。隨著電子元件的改進，電腦的體積愈來愈小，價錢也愈來愈便宜，但是功能卻是愈來愈強。電腦功能的增強和價格的下降，使得電腦從科學家和工程師的實驗室逐漸流向辦公室和一般大眾的家庭中。今天，人們不僅用電腦來計算數據、處理文字，更用它來儲存資料記錄、繪製圖像，甚至於是展示各種聲音、影像和動畫。

儘管這些新科技都已經成為大眾傳播產業的主軸，廣播電視、電訊和電腦技術還在不斷演進，並且有逐漸合流的趨勢。在廿世紀中期，廣播電視節目製作、電訊傳播和電腦軟體工程三者之間，根本是風馬牛不相及的三個行業。如今，新的傳播科技把這些我們認為完全不同的三個行業整合在一起。早在 1980 年代法國電信局結合微電腦、電視和電話，打造一個資訊系統，用戶只要在鍵盤上按幾個鍵，便可查號（想想看，由電信局所省卻的電話簿紙是由多少棵樹製成？這項新技術挽救了多少棵樹）。1990 年代中期隨著網際網路的商業化，數位影像和聲音開始取代傳統的電視廣播技術，

我們不難發現，傳統的類比媒體正在消失，過去壁壘分明的傳統媒體產業界限也日趨模糊。

三、傳播科技與社會變遷：孰先孰後？

當傳播科技成為社會的元素之際，傳播科技和社會變遷之間的關係，也逐漸受到人們的重視，甚至成為學者之間爭辯不休的話題：「到底是科技改變了社會走向？或者社會左右了科技的發展？」

由於電腦、電子通訊和視聽技術的高度普及，人們處理和傳送訊息的能力也大為增加，從而使得整個社會的訊息流通量也顯著上升。因此有人認為，由於傳播科技的發展，社會因此被科技改變；例如，前述加拿大學者殷尼斯（H. Innis）便為文論證，古代四大文明之巴比倫、埃及、希臘和羅馬，如何因為書寫技術不同而消長。然而，這種以科技為社會變遷第一因的觀點，卻遭到許多學者的駁斥。

有些學者認為，傳播工具技術不會從天上掉下來，所有科技開發都必須投入相當的人力物力資源，才會有所成；一個社會對特定技術投入多少資源，通常來自於社會權力結構的決定，這個觀點的學者認為，「科技決定」的觀點，掩蓋了人操控科技的事實，更忽視了社會結構所扮演的角色。例如，廿世紀中期以來許多傳播科技包括：電腦、微波傳輸、人造衛星等技術，都與當時戰爭應用脫不了關係，事實上這些科技之所以能夠取得所需資源，無不是取決於當時的社會精英，因此這些學者主張，社會結構才是決定科技走向

的主要因素。

　　有些學者則質疑前面這兩種看法，「科技決定」觀點固然不當，但「社會建構」觀點也有問題，因為並不是每一項傳播科技都如人們所願地服務社會，傳播科技擦槍走火的例子所在多有，例如1980 年代初期臺灣第四臺（有線電視前身）的發展，並非當時執政者所樂見，但是依然如野火燎原般發展，顯然「社會建構」觀點不能完全解釋這個問題。因此也有人提出「科技與社會互動」的觀點。一方面，握有社會權力的精英，固然決定傳播科技的走向，但是在傳播科技普及的過程中，科技和社會諸多情境因素相互影響，產生社會精英未能預見的社會影響，卻反過來，改變了社會的走向。衛星科技因二次大戰需要而問世，卻在 40 年後為蘇聯和東歐推翻共產政權的社會運動推波助瀾，便是一個顯著的例子。

　　由於傳播科技的演進，人們處理資訊的能力增加，傳播科技和資訊之間的關係也隨之引人注目。當一個社會若是擁有豐富的訊息，各個機構有效地分配和流通各種訊息，而個人和團體也都能夠方便、且廉價地獲得各式各樣的訊息，有人稱這樣的社會為「資訊社會」（information society）。

四、「資訊社會」論戰

　　「資訊社會」的概念，最早可以溯自廿世紀中期美國產業經濟學者，這些學者在 1946 年的產業分析中發現，戰後美國社會職業結構呈現此消彼長的現象，農業和工業部門人口逐漸減少，產能也在總體經濟中的地位大大減低，而第三部門（服務業）人口則不斷

增加，與知識生產或流通的相關行業，變成經濟的主要支柱，服務業之能夠貢獻於社會，所本既非土地、亦非能源，而是資訊。換句話說，資訊超乎土地資本與勞力，而成為生產條件中最重要的一環。這些學者因此提出「資訊經濟」的概念。「資訊經濟」概念經由另一位社會學者貝爾（D. Bell）而發揚光大。貝爾指出，未來社會將專業的技術服務人員，例如科學家和工程師構成以知識工作者，資訊（理性知識）將變成主導社會前進的力量。後工業社會裡大多數的工作屬於白領職業，專業人士將占勞動力多數。由於新知識階層的擴張，造就新階級；也形成資本階級和無產階級之間的制衡者，從而打破過去資本與勞動者對立的局面，繼農業社會、工業社會之後，進入一個新的社會，或稱為「後工業社會」。

　　儘管貝爾把「資訊社會」當做人類未實現的烏托邦，但有些學者卻對這種樂觀論調相當保留。這些學者指出，貝爾的觀點裡充滿「科技決定」的觀點，忽略人、資本、政治階級與利益在科技發展過程扮演的角色。其次，社會發展有延續性，先前的社會經濟環境不會一下子便消失，更不會忽然創造出一個全新的社會。「後工業社會」並非新出現的社會，必須承繼既有社會的各種包袱，貝爾卻把社會看成「斷裂」。其次，資訊也不會是憑空而來。資訊和社會結構、政體、和文化關係密切，因此很難把資訊單獨拆開來看待，但是貝爾對影響資訊的因素卻略而不論，過分強調理性知識的優越性。誠如前文所言，資訊社會以大量的資訊為基礎，但資訊不會憑空產生，終究必須要相當的社會資源才能辦到，也正因為如此，類似貝爾所描述的美麗新世界，或許根本沒有發生的可能。

　　事實上，有些學者大多對於未來的「資訊社會」抱持較悲觀的

態度。例如：政治經濟學者謝勒（H. Schiller）認為「傳播科技是資本主義擴張的馬前卒」。謝勒指出，資訊和社會結構密不可分，在一個資訊數量龐大的社會中，各式各樣（無論是個人或全國的、無論是商業或社會的、無論是經濟或軍事的）資料生產、處理、和傳輸，絕大多數是用來符應高度工業化國家中，大財團、政府科層組織、與軍事當局的特定需求。當代社會中的傳播科技，基本上是在階級不平等的情境之下發展，因此資訊的生產、分配、與使用，只能反映特定階級（資產階級）的利益，因此科技創新基本上是為了私人、而非公共目標，目的在維繫當前資本主義體系的穩定成長與持續擴張。因此，資訊流通的目的在促進商品化，各種科技創新是為了在市場中取得利潤。從臺灣到美國，資產階級透過財團操控商業媒體集團、並使二者相互為用的例子，正相當程度上符應了謝勒的看法。

　　另一方面，社會學者紀登斯（Giddens）則認為「資訊社會就是監控社會」。紀登斯指出，現代社會由民族國家所構成，民族國家的發展過程中，對外捍衛疆域因此必須監視敵人和潛在敵人，對內則徵兵徵稅，資訊可說是執行國防事務的基礎。當社會規模擴大，國防和戰爭體系則愈趨複雜；資訊便占據現代軍事操作的核心位置，指揮、控制、通訊都與資訊密切相關。當代資本主義營運，也依賴必須資訊：從企業經營的企劃、執行、到評估，無不需要依靠資訊。資本主義體制下，大企業如欲宰制市場、深入社會基層組織，必須依賴健全的情報網。因此從職場的監視、匯率變動、政經情勢、到個人的交易資訊，都成為企業監看的對象，個人資料在企業財團監看下也無所遁形。因此在紀登斯的眼裡，資訊社會也就是

一個高度監控的社會，人們有如居住在一個透明的監獄之中、無時不刻地受到監控，當傳播科技愈是高度發展、則人們受到監控的程度，也就愈發嚴重。

最後，人們大都認為當資訊愈流通、愈能夠促進人們在公共領域的對話，但是依照社會學者哈伯瑪斯（Harbermas）的看法，未必如此樂觀。哈伯瑪斯認為現代社會民主與自由制度之所以能夠實現，繫於人們對於公共事務的充分溝通，因此傳播媒體在公共領域發展上扮演了重的角色。公共事務的發言權一旦掌握在政府和企業手中，後果不言而喻。傳播科技本來可以扮演發言管道多元化的角色，然而因為社會既存結構的偏倚，新科技的籌碼依舊為政府和企業所持有。這麼一來，知識商品化和宣傳操控不但不減反增。因此當傳播科技愈發達，公共領域卻可能因而式微。

這些學者的想法，強調現有社會結構和科技的關係，對於當傳播科技的角色做出相當程度的批判，也拓展了我們對於傳播科技的想像。

五、傳播新科技：是福氣還是詛咒？

儘管學者之間對於傳播新科技對我們未來社會的影響，有著不同的看法；傳播新科技所帶來的好處和缺點，已經隨著這些科技的普及而次第發生在我們的周遭。

傳播科技的不斷推陳出新，大大強化人們處理資訊的方式和效果，回想從前我們祖父母輩的年代，報紙和廣播大概是最新最進步的資訊來源。今天，我們可以從衛星、有線電視、錄放影機或者電

腦網路隨時隨地取得資訊來源。消息管道顯然廣闊了許多。其次，各種影視器材愈來愈趨向輕薄短小，價格也愈便宜，一般人都消費得起，許多過去被視為奢侈品的傳播工具（例如，攝錄影機V8），現在成了家庭裡的「必備品」。我們的生活習慣，也隨著起了一些變化。

　　但是這些樂觀看法之中，卻不乏隱憂。傳播科技可能引起社會成員之間的資訊差距。鐵雪納最早指出傳播科技深化社會的不平等現象。根據鐵雪納的研究，社會上資訊的流通量往往因人而異，受過良好教育，而且社會地位較高、較為富有的人，對於資訊的掌握和運用都會比較得心應手。當社會上資訊流量增加的時候，這些資訊充裕的人所得到的資訊，將多於資訊貧乏的人。換句話說，雖然傳播新科技可以提昇所有人類之間資訊溝通的層次，但由於資訊充裕的人受惠更多，因而擴大了資訊充裕和貧乏的人們之間既存的鴻溝。由於資訊的多寡可能會回頭影響收入和社會地位，這種資訊的差距又將深化社會經濟地位上的不同等。

　　舉例來說，一個大學畢業懂得電腦操作的投資人，可以利用電腦資料庫獲得股市的相關消息，這個人對於股市行情判斷的能力，可能優於一個初中畢業、不懂電腦的投資人。即使這兩人同時收看有線電視上所提供的股市行情，由電腦網路多方取得資訊的投資人，可能解讀得比較正確些，因而獲利機會可能較高。因此，新科技看起來像是普施甘露，但是使用者獲取的福利卻不盡相同。這種社會不平等深化的現象，不但存在於個人之間，同時也存在於城市和鄉村居民之間，以及富國與貧國之間。例如，有線電視系統基於營利的觀點，不願到窮鄉僻壤舖設有線電視網路（因為經營有線電

視最昂貴的成本，就在於舖設線路），鄉民們無法像都市居民一樣收視各種節目，難免要孤陋寡聞。跨國的衛星節目對於富國的資訊多方報導，卻棄貧國的資訊於不顧；或是以本國的文化價值為中心，視其他地區如無物。這樣的資訊流通方式總是不利於弱勢的一方。因此，新科技所帶來的資訊差距如何避免，頗值得我們再三思考。

個人隱私在今天已經成為嚴重的社會問題。身為現代人，我們多少都希望心靈身處能夠保有一些空間，不會受到外界的干擾，這個心靈的空間，我們稱為個人隱私。在傳播科技普及以後，個人的這個心靈空間很容易受到侵擾，舉個例子來說，未來個人可以透過電腦控制的有線電視系統，付費收看電影或購買商品，所有收視和購物紀錄都在電腦裡面，假如有人侵入電腦，打開這份紀錄，個人生活的點點滴滴的小事，在帳單上都可以看得清清楚楚，當政府扮演這樣的入侵者的角色之時，個人的政治自由不免要受到重大的威脅了。英國作家奧威爾在他的著作《一九八四》這本書中，敘述一個政府如何運用龐大的電視系統來監視本國人民。現代資訊網路上，個人資料遭受非法濫用，的確可能會造成類似《一九八四》書中所描述的，個人隱私遭受侵害情形。因此，如何建立健全的法律體系來防止個人資料的濫用，也就成了不可忽略的重要工作了。

現代社會資訊的大量流通識當前社會的現象。這些資訊通常儲存在電腦網路上的資料庫。許多使用者必須仰賴這些資料下判斷、作決定。因此，誰擁有資料庫以及誰決定把何種資料放進資料庫裡，也就成為眾所矚目的焦點。由於傳播事業愈來愈需要高度資本來製作資料，這些事業之間的合併也就愈來愈頻繁。結果可能形成

一個現象：資訊庫雖有許多個，但是來源也許集中在少數一兩個個人或團體手中。此外，政府向來是一個社會中資料的最大生產者。一般來說，政府生產的資訊占一個社會資訊總量的百分之七十。然而，在法制不健全的情況下，目前政府的許多行政資訊並未對社會公開，間接的削弱了這個社會的資訊流通量，但這並不是一個傳播科技發達的社會應有的現象。因此，政府和資料庫所有者對於資訊的控制權，也是值得一再深思的問題。

六、與傳播新科技結伴而行

俗話說：「魚游水中、不會覺得水的存在」，我們日日生活在資訊之中，而不覺得資訊的存在。然而，有一點毋庸置疑：資訊對於人的重要性，正如水對於魚一般。在現實生活中，傳播新科技已經變成我們每日吸取資訊不可或缺的隨手工具，因此，對於這些新科技，我們有必要多少有些了解。面對五光十色的各種資訊管道，社會成員們所需具備的能力已經不再侷限於昔日的讀寫能力而已。視覺媒介識讀（visual literacy），應是每個公民必須具備的基本訓練。換句話說，我們不但能夠了解媒材所蘊含的意義，更要能夠分析和判斷這些媒介內容品質的良窳，或者更進一步，能夠自己製作媒介與人溝通。唯有具備了良好的媒介識讀，了解媒介，新的傳播科技才能真正成為我們的好朋友和好夥伴。

參考書目

第一～三篇參考書目

中文書目

王洪鈞（民 76）：《大眾傳播與現代社會》。臺北：正中書局。

林東泰譯（民 76）：《傳播理論之應用》。臺北：正中書局。

余也魯譯述（1986）：《傳播概論：傳媒・信息與人》，修訂三
　　版。香港：海天書樓。

杜力評譯（民 80）：《大眾傳播學理論》。臺北：五南圖書出版
　　公司。

李金銓（民 71）：《大眾傳播學——社會・媒介・人》。臺北：
　　國立政治大學新聞所。

程之行譯（民 80）：《大眾傳播的責任》。臺北：遠流出版公
　　司。

程之行譯（民 82）：《傳播理論》。臺北：遠流出版公司。

徐佳士（民 76）：《大眾傳播理論》。臺北：正中書局。

徐佳士（民 81）：《傳播八講》。臺北：正中書局。

彭家發（民 81）：《基礎新聞學》。臺北：三民書局。

曾虛白（民 60）：〈意見形成的心理程序〉，《新聞學研究》，
　　第 8 集（11 月 20 日）。臺北：國立政治大學新聞所。頁 1

—6。

楊冬青（民 83）：〈沒有國語　青蛙都說方言〉，《聯合報》（2
　　月 18 日）。臺北：聯合報社。頁 3。

儀章（民 79）：〈螢火蟲心態〉，《聯合報》（9 月 5 日）。臺
　　北：聯合報社。頁 25。

聯合報社編著（民 62）：《新聞學與報業趨向》，聯合報創刊二
　　十周年紀念文集之五。臺北：編著者。

鄭貞銘（民 76）：《新聞學與大眾傳播學》，4 版。臺北：三民書
　　局。

鄭貞銘（民 65）：《大眾傳播學理》，再版。臺北：華欣文化事
　　業中心。

滕淑芬（民 81）：《大眾傳播的恆久話題》。臺北：遠流出版公
　　司。

蘇衡譯（民 82）：《大眾傳播與日常生活：理論和效果的透
　　視》。臺北：遠流出版公司。

英文書目

Altheide, David L. (1985) Media Power. Beverly Hills, California: Sage
　　Publications.

Ball-Rokeach, S. J. & Muriel G. Cantor. (eds.) (1986) Media, Audience
　　and Social Structure. Beverly Hills, California: Sage
　　Publicatoins.

Bryant, J. & Dolf. (eds.) (1986) Perspectives on Media Effects. Hillside,
　　New Jersey: Lawrence Erlbraum Associates, Publishers.

Dance, Frank. (1970) "The Concepts of Communication", *Journal of*

Communication, 20:201-10.

Davison, W. Phillips, James Boylan & F. T. C. Yu. (喻德基) (1976) Mass Media: System & Effect. New York, New York: Praeger Publishers.

McQuail, Dennis. (1986) Mass Communication Theory: An Introduction. London, Britain: Sage Publications.

第四篇參考書目

中文書目

王瑋、黃克義譯（民 81）：《電影製作手冊》。臺北：遠流出版公司。（Edward Pincus, Steven Ascher 原著）

周晏子譯（民 78）：《如何欣賞電影》。臺北：國家電影資料館。（James Monaco 原著）

杜雲之（民 75）：《中國電影七十年》。臺北：國家電影資料館。

焦雄屏譯（民 82）：《認識電影》。臺北：遠流出版公司。（Louis D. Giannetti 原著）

焦雄屏（民 80）：《臺港電影中的作者與類型》。臺北：遠流出版公司。

曾偉禎譯（民 81）：《電影藝術：形式與風格》。臺北：遠流出版公司。（David Borwell, Kristin Thompson 原著）

陳衛平譯（民 74）：《世界電影史》。臺北：國家電影資料館。（Gerald Mast 原著）

陳國富譯（民 74）：《電影理論》。臺北：志文出版社。（Duley Andrew 原著）

羅學濂譯（民 73）：《電影的語言》。臺北：志文出版社。
（Joseph V. Mascelli 原著）

許祥熙譯（民 74）：《電影剪輯的奧妙》。臺北，志文出版社
（Karel Reisz 原著）

英文書目

Alvarado, M., Gutch, R. & Wollen. T. (1987) Learning the Media: An Introduction to Media Teaching. London, Britain: Macmillian.

Andreson, J. A. (1983) "Television Literacy and the Critical Viewer", in Bryant, J. & Anderson, D. R., Children's Understanding of Television: Research on Attention and Comprehension. New York, New York: Academic Press.

Brown, J. A. (1991) Television "Critical Viewing Skills" Education: Major Media Literacy Projects in the United States and Selected Countries. Hillsdale, New Jersey: Lawrence Erlbaum Associates, Publishers.

Hart, A. (1991) Understanding the Media: A Practical Guide. London, Great Britain: Routledge.

Herfzallah, I. M. (1987) Critical Viewing of Television: A Book for Parents and Teachers. Landam, MD: University Press of America.

UNESCO. (1984) Media Education. Paris, France: UNESCO.

WNET/Thirteen. (1980) Critical Television Viewing: A Language Skills Work-a-tex Teacher's Annotated Edition. New York, New York: Cambridge.

第五篇參考書目

中文書目

李金銓（民 72）：《大眾傳播理論》，修訂再版。臺北：三民書局。

汪琪、鐘蔚文（民 77）：《第二代媒介──傳播革命之後》。臺北：東華書局。

翁秀琪（民 82）：《大眾傳播理論與實證》，修訂再版。臺北：三民書局。

蔡源煌（民 81）：《當代文化理論與實證》。臺北：雅典書局。

馮建三（民 81）：《資訊、錢、權：媒體文化的政經研究》。臺北：時報文化。

馮建三譯（民 74）：《電視：科技與文化形》。臺北：遠流出版公司。（雷蒙・威廉斯原著）

鄭瑞城（民 71）：《傳播的獨白》。臺北：久大文化。

英文書目

Bottomore, T. et. Al. (eds.) (1983) A Dictionary of Marxist Thought. Cambridge, Massechusetts: Harvard University Press.

Crowley & Heyer. (1991) Communication in History: Technology, Culture, Society. White Plains, New York: Longman.

Habermas, J. (1981) Theorien des Kommunikativen Handelns. 2 Volumes. Frankfurt, Germany: Suhrkamp.

Golding, P. and G. Murdock. (1991) "Culture, Communication, and Political Economy", in J. Curran and M. Gurevitch. (eds.) Mass Media and society. London, Britain: Edward Arnolds, pp.15-32.

Hall, S. (1986) "Cultural Studies: two Paradigms", in R. Collins, et al., (eds.) Media, Culture and Society—A Critical Reader. London, Britain: Sage Publications, pp.33-48.

Jensin, K.B. and K.E. Rosengren (1990) "Five Traditions in Search of the Audience", European Journal of Communication, 5:207-38.

Klapper, J.T. (1960) The Effects of Mass Communication. New York, New York: Free Press.

Masuda, Y. (1980) The Information Society As Post-industrial Society. Bethesda, MD: World Future Society.

McLeod, J. M. and L. B. Becker (1981) "The Uses and Gratification Approach", in D.D. Nimmo and K.R. Sanders (eds.) Handbook of Political Communication, Beverly Hills, California: Sage Publications, pp.67-99.

Pool, I. (1983) Technologies of Freedom. Cambridge, Massachusetts: Harvard University Press.

Salvaggio, J. (1989) The Information Society: Economics, Social and Structural Issues. Hillside, New Jersey: Lawrence Erlbaum Associates, Publishers.

Windahl, S. (1981) "Uses and Gratifications at the Crossroads", in C.G. Wilhoit and H. de Bock (eds.) Mass Communication Review Yearbook, vol.2, Beverly Hills, California: Sage Publications, pp.174-85.

Williams, F. (1982) The Communications Revolution. Beverly Hills, California: Sage Publications.

國家圖書館出版品預行編目資料

認識大眾傳播
彭家發等著. – 初版. – 臺北市：臺灣學生，
2006[民 95]
面；公分（中華民國中山學術文化基金會中山文庫）
參考書目：面

ISBN 978-957-15-1315-7 (平裝)

1. 大眾傳播

541.83   95013013

中華民國中山學術文化基金會中山文庫

認 識 大 眾 傳 播

主　　　編：劉　　　　　　　真
著 作 者：彭　　　家　　　發　　　等
發 行 人：盧　　　　保　　　　宏
發 行 所：臺 灣 學 生 書 局 有 限 公 司
　　　　　臺 北 市 和 平 東 路 一 段 一 九 八 號
　　　　　郵 政 劃 撥 帳 號：0 0 0 2 4 6 6 8
　　　　　電 話：(0 2) 2 3 6 3 4 1 5 6
　　　　　傳 眞：(0 2) 2 3 6 3 6 3 3 4
　　　　　E-mail：student.book@msa.hinet.net
　　　　　http：//www.studentbooks.com.tw

本書局登
記證字號 ：行政院新聞局局版北市業字第玖捌壹號

印 刷 所：長 欣 彩 色 印 刷 公 司
　　　　　中 和 市 永 和 路 三 六 三 巷 四 二 號
　　　　　電 話：(0 2) 2 2 2 6 8 8 5 3

定價：平裝新臺幣三○○元

中 華 民 國 九 十 五 年 八 月 初 版